학습 진도표와 함께 **하루 10**

영어회화 성공하세요

_____의 해커스톡 영어회화 10분의 기적

유명인처럼 말하기 학습 플래너

···

나의 목표와 다짐을 적어보세요.

나는 _____을 하기 위해

_____년 _____월 _____일까지 이 책을 끝낸다!

나의 학습 플랜을 정하세요.

☐ 15일 완성 (하루에 Day 2개씩)
☐ 30일 완성 (하루에 Day 1개씩)
☐ ____일 완성 (하루에 Day ___개씩)

학습을 마친 Day 번호를 체크해 보세요.

1	2	3	4	5	6	7	8	9	10
11	12	13	14	15	16	17	18	19	20
21	22	23	24	25	26	27	28	29	30

영어회화 공부하는 하루 10분이 더 재밌어지는

해커스톡의 추가 자료 8종

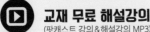 교재 무료 해설강의
(팟캐스트 강의&해설강의 MP3)

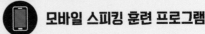 모바일 스피킹 훈련 프로그램

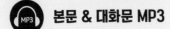 본문 & 대화문 MP3

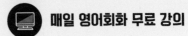 매일 영어회화 무료 강의

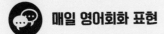 매일 영어회화 표현

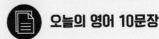 오늘의 영어 10문장

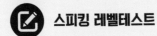 스피킹 레벨테스트

 데일리 무료 복습 콘텐츠

 이렇게 이용해보세요!

팟캐스트 강의는
① 팟빵 사이트(www.Podbbang.com)나 팟빵 어플 혹은 아이폰 Podcast 어플에서 '해커스톡' 검색
② 유튜브 사이트(www.youtube.com)나 유튜브 어플에서 '해커스톡' 검색
③ 네이버 TV 사이트(tv.naver.com)나 네이버 TV 어플에서 '해커스톡' 검색
④ 네이버 오디오클립 사이트(audioclip.naver.com)나 오디오클립 어플에서 '해커스톡' 검색
⑤ 해커스영어(Hackers.co.kr) 사이트 접속 → 기초영어/회화탭 → 무료 영어컨텐츠 → 영어회화 10분의 기적 | 팟캐스트

모바일 스피킹 훈련 프로그램은
책의 각 Day에 있는 QR 코드 찍기

교재 해설강의 MP3, 본문 & 대화문 MP3는
해커스톡(HackersTalk.co.kr) 접속 후 로그인 ▶ 상단의 [무료강의/자료 → 무료 자료/MP3] 클릭

매일 영어회화 무료 강의는
'해커스 ONE' 어플 설치 후 로그인 ▶ [무료학습]

매일 영어회화 표현, 오늘의 영어 10문장은
'해커스 ONE' 어플 설치 후 로그인 ▶ [무료학습] ▶
상단의 [오늘의 영어 10문장] 혹은 [매일 영어회화 학습]에서 이용

스피킹 레벨테스트는
해커스톡(HackersTalk.co.kr) 접속 ▶ 상단의 [무료 레벨테스트] 클릭

데일리 무료 복습 콘텐츠는
'밴드' 어플 설치 ▶ 밴드에서 '해커스톡' 검색 후 접속 ▶ 매일 올라오는 무료 복습 콘텐츠 학습

해커스톡 영어회화 10분의 기적

의 기적

유명인처럼 말하기

왕초보영어 탈출
해커스톡

핫한 유명인처럼
영어 회화가 가능해지는

교재 학습법

**유명인의 실제 스피킹 영상을
보며 학습을 준비하세요.**

스마트폰으로 QR코드를 찍으면
영상을 볼 수 있고, 무료 해설강의를
들으며 더 재미있게 학습할 수 있어요.

**원어민 음성과 함께
스텝별 학습을 해보세요.**

스마트폰으로 QR코드를 찍으면
음성을 들을 수 있어요.

**유명인이 쓴 진짜 실생활
표현을 생활 속 대화에서
직접 써보는 연습을 해보세요.**

스마트폰으로 QR코드를 찍으면
대화문 음성을 듣고 따라 말할 수
있어요.

핫한 유명인이 쓰는 **진짜** 영어 회화를 스텝별로 따라 해보세요.

STEP 1
오바마의 말
한 문장씩
짚어가며 들어보기

STEP 1 (권장 학습시간: 2-3분)
유명인의 말을 한 문장씩 짚어가면서 원어민
음성을 천천히 들어보세요.
스마트폰으로 QR코드를 찍으면 원어민 음성을
들을 수 있고, 잘 안 들렸던 문장만 골라서 들어볼
수도 있어요.

STEP 2
한 문장씩
음성을 따라
말하기

STEP 2 (권장 학습시간: 3-4분)
원어민 음성을 듣고 발음과 억양을 살려
한 문장씩 따라 말해보세요.
스마트폰으로 QR코드를 찍으면 원어민 음성을
듣고 따라 할 수 있고, 반복해서 연습하고 싶은
문장만 골라서 따라 말할 수 있어요.

STEP 3
우리말만 보고
오바마처럼
말해보기

STEP 3 (권장 학습시간: 3-4분)
우리말만 보고 유명인처럼 말해보세요.
스마트폰으로 QR코드를 찍으면 음성과 함께
학습한 내용을 스스로 확인해볼 수 있어요.

♛
따라 하고 싶은
핫한

유명인
30

DAY 01 08

버락 오바마처럼
말해보기

YOU HAVE BEEN
MY BEST FRIEND

DAY 02 14

제인 구달처럼
말해보기

I DON'T THINK
IT'S RIGHT

DAY 03 20

쥐스탱 트뤼도처럼
말해보기

SO
BE KIND

DAY 04 26

잭 마처럼
말해보기

TAI CHI IS
ABOUT HOW

DAY 05 32

메건 마클처럼
말해보기

WHERE WOMEN
BELONG

DAY 06 38

스티븐 호킹처럼
말해보기

LOOK UP
AT THE STARS

DAY 07 44

멜린다 게이츠처럼
말해보기

I WANT YOU
TO CONNECT

DAY 08 50

마크 저커버그처럼
말해보기

LET'S
FACE IT

DAY 09 56

순다르 피차이처럼
말해보기

DOING IT
FOR EVERYONE

DAY 10 62

스티븐 스필버그처럼
말해보기

IT WENT
ALRIGHT

DAY 11 68

엘리자베스 여왕처럼
말해보기

IT'S TIME TO
SLOW DOWN

DAY 12 74

팀 쿡처럼
말해보기

I'M NOT WORRIED
ABOUT A.I.

DAY 13 80

미셸 오바마처럼
말해보기

THEIR FIRST DAY
OF SCHOOL

DAY 14 86

제프 베조스처럼
말해보기

CHOICES
CAN BE HARD

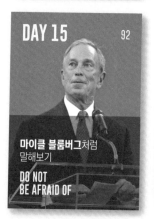

DAY 15 92

마이클 블룸버그처럼
말해보기

DO NOT
BE AFRAID OF

DAY 16 98

윌리엄 맥레이븐처럼
말해보기

MAKE YOUR BED
EVERY MORNING

DAY 17 104

페기 윗슨처럼
말해보기

READY TO
COME HOME

DAY 18 110

하워드 슐츠처럼
말해보기

A FUN THING
AT STARBUCKS

DAY 19 116

스티브 잡스처럼
말해보기

KEEP LOOKING,
DON'T SETTLE

DAY 20 122

재닛 옐런처럼
말해보기

I DIDN'T
KNOW A LOT

DAY 21 128

워렌 버핏처럼
말해보기

DECISIONS THEY
GOT TO MAKE

DAY 22 134

테레사 메이처럼
말해보기

THE CHANCE
TO GO

DAY 23 Bill Gates 140

빌 게이츠처럼
말해보기

BANKING IS...

DAY 24 146

앨 고어처럼
말해보기

STARTING WITH
A DECISION

DAY 25 152

이방카 트럼프처럼
말해보기

TO
CONVINCE YOU

DAY 26 158

콘돌리자 라이스처럼
말해보기

AS A MATTER
OF FACT

DAY 27 164

셰릴 샌드버그처럼
말해보기

WHY DO
YOU CARE?

DAY 28 170

김용처럼
말해보기

GOOD MORNING
HANDSOME

DAY 29 176

엘론 머스크처럼
말해보기

THE ODDS
OF SUCCESS

DAY 30 182

힐러리 클린턴처럼
말해보기

LET'S DO
ALL WE CAN

생생하고! 스마트하게! **"해커스톡 어플"**

각 DAY별로 제공되는 무료강의와 함께, 실제 유명인의 스피킹 영상과 원어민 음성을 스텝별로 따라 하며 학습할
수 있어요. QR코드를 통해 접속해보세요.

DAY 01

버락 오바마처럼
말해보기

YOU
HAVE BEEN
MY BEST
FRIEND

Barack Obama

출생: 1961.08.04
직업: 제44대 미국 대통령
특이사항: 2009년 노벨 평화상 수상

버락 오바마(Barack Obama)는 제44대 미국 대통령입니다. 그는 지금의 모범적인 이미지와는 다르게 꽤 어두운 10대 시절을 보냈습니다. 그는 흑인과 백인 혼혈로서 자신의 인종 정체성에 대해 심한 혼란을 겪었고, 그 과정에서 마약에 손을 대기도 했다고 고백했습니다. 하지만 이러한 고뇌 속에서 사회 소수 계층에 관심을 가지게 된 그는 그들을 대변하는 인권 변호사가 되었으며, 마침내 미국 최초의 흑인 대통령으로 당선되었습니다.

그는 대통령직 퇴임 연설에서 8년간 임했던 대통령직에서 물러나며 국민들에게 감사를 전합니다. **이 연설에서 그는 인생의 파트너이자 영부인의 역할을 멋지게 해낸 아내 미셸 오바마에게도 감사를 표합니다.** 감격스러운 어조와 분명한 발음이 돋보이는 그의 이야기를 들어보세요.

 먼저 오바마의 연설 영상을 보세요. 아래 어휘·표현 미리 보기를 참고하되, 내용을 완벽하게 이해하지 못해도 좋습니다.

◀ 영상 보기

🔍 어휘·표현 미리 보기

ask for 요구하다   **grace**[greis] 품위
grit[grit] 용기   **humor**[hjú:mər] 유머
You have been my best friend. 당신은 나의 최고의 친구였다.
take on a role 역할을 맡다

STEP 1
오바마의 말
한 문장씩
짚어가며 들어보기

STEP 2
한 문장씩
음성을 따라
말하기

STEP 3
우리말만 보고
오바마처럼
말해보기

◀ 음성과 함께 STEP별로 따라 하기

¹ For the past 25 years,

² you have not only been my wife

³ and mother of my children,

주목할만한
표현 1

⁴ **you have been my best friend.**

주목할만한
표현 2

⁵ You **took on a role** you didn't ask for,

⁶ and you made it your own, with grace and with grit

⁷ and with style and good humor.

take on a role 역할을 맡다　ask for 요구하다　grace[greis] 품위　grit[grit] 용기　humor[hjúːmər] 유머

해커스톡 영어회화 10분의 기적 유명인처럼 말하기

DAY 01

버락
오바마

YOU
HAVE BEEN
MY BEST
FRIEND

[1] 지난 25년 동안,

[2] 당신은 제 아내이기만 한 것이 아니었습니다

[3] 그리고 제 아이들의 어머니만도 아니었죠,

[4] 당신은 저의 최고의 친구였습니다.

[5] 당신은 스스로 요구하지 않았던 역할을 맡았습니다,

[6] 그리고 당신은 그것을 당신 자신의 것으로 만들었습니다, 품위와 용기로

[7] 그리고 스타일과 훌륭한 유머로요.

영부인 미셸 오바마는 활발한 국정 활동과
개성 있는 스타일을 선보이며 많은 사랑을
받았습니다.

오바마가 사용한 표현을
생활 속 대화에서 그대로 써봅시다.

◀ 음성과 함께 표현 연습하기

주목할만한
표현 1

You have been my best friend.
당신은 저의 최고의 친구였습니다.

오래된 친구에게 "넌 나의 최고의 친구였어."라고 말하고 싶을 때, **You have been my best friend**라고 말할 수 있습니다. 이때, have been은 과거부터 지금까지 '오랜 시간 ~해왔다'는 의미를 나타냅니다. 아래 대화처럼 **You have been my best friend**를 생활 속에서 그대로 써봅시다.

> We've known each other since middle school!
> 우리는 중학교 때부터 서로 알아왔네!

> Yeah, and **you have been my best friend**
> for all that time.
> 맞아, 그리고 그 모든 시간 동안 내내 **넌 나의 최고의 친구였어.**

You **took on a role** you didn't ask for.

당신은 스스로 요구하지 않았던 **역할을 맡았습니다**.

어떤 역할을 맡았다고 말하고 싶을 때, **take on a role**이라는 표현을 사용해서 말할 수 있습니다. 이때, take on은 '(어떤 일이나 책임)을 맡는다'는 의미이고, role은 '역할'이라는 의미입니다. 아래 대화처럼 **take on a role**을 생활 속에서 그대로 써봅시다.

John will **take on a role** in the baseball club.

John이 그 야구 동호회에서 역할을 맡을 거야.

Good for him!

그에게 잘됐다!

DAY 02

제인 구달처럼
말해보기

I DON'T
THINK
IT'S
RIGHT

Jane Goodall

출생: 1934.04.03
직업: 동물 행동학자
특이사항: 2003년 대영 제국 훈장 수상

제인 구달(Jane Goodall)은 세계적인 동물 행동학자입니다. 그녀는 20대부터 밀림에 들어가 침팬지와 교감하며 그들의 행동을 연구했고, 침팬지가 나무 막대를 구멍에 넣어 개미를 잡아먹는다는 사실을 발견했습니다. 이 발표는 도구 사용은 인간만의 능력이라고 알고 있었던 세계를 깜짝 놀라게 했습니다. 이제 그녀는 실험실과 동물원에 수용된 동물의 권익 증진에도 앞장서고 있습니다.

그녀는 한 인터뷰에서 현대 사회의 동물원의 역할과 동물 복지에 대한 자신의 의견을 말합니다. **이 인터뷰에서 그녀는 돌고래를 동물원에 절대 가둬서는 안 된다고 강하게 주장합니다.** 차분하면서도 분명한 어조가 돋보이는 그녀의 이야기를 들어보세요.

먼저 제인 구달의 인터뷰 영상을 보세요. 아래 어휘·표현 미리 보기를 참고하되, 내용을 완벽하게 이해하지 못해도 좋습니다.
◀ 영상 보기

🔍 어휘·표현 미리 보기

belong in ~에 알맞다, 속하다   **even if** ~라 하더라도
aquarium [əkwέəriəm] 수족관
I cannot bear to ~ 나는 ~하는 것을 참을 수 없다
I don't think it's right. 나는 그것이 옳다고 생각하지 않는다.

STEP 1

제인 구달의 말
한 문장씩
짚어가며 들어보기

STEP 2

한 문장씩
음성을 따라
말하기

STEP 3

우리말만 보고
제인 구달처럼
말해보기

◀ 음성과 함께 STEP별로 따라 하기

¹ I do not think

² dolphins belong in zoos.

³ I think,

주목할만한
표현 1

⁴ **I cannot bear to see** them in there.

⁵ Even if it's a big aquarium,

주목할만한
표현 2

⁶ **I don't think it's right.**

belong in ~에 알맞다, 속하다 bear[bɛər] 참다 even if ~라 하더라도 aquarium[əkwɛ́əriəm] 수족관

DAY 02

제인
구달

I DON'T
THINK
IT'S
RIGHT

해커스톡 영어회화 10분의 기적 유명인처럼 말하기

¹ 저는 생각하지 않습니다

² 돌고래가 동물원에 알맞다고요.

> 수족관 벽은 돌고래가 쓰는 음파를
> 튕겨내기 때문에 돌고래는 수족관에서
> 정상적으로 생활하지 못합니다.

³ 저는 생각합니다,

⁴ 저는 그곳에 있는 그들을 보는 것을 참을 수 없다고요.

⁵ 그것이 큰 수족관이라 하더라도,

⁶ 저는 그것이 옳다고 생각하지 않습니다.

제인 구달이 사용한 표현을
생활 속 대화에서 그대로 써봅시다.

◀ 음성과 함께 표현 연습하기

주목할만한
표현 1

I cannot bear to see them in there.
저는 그곳에 있는 그들을 보는 **것을 참을 수 없습니다**.

어떤 일이 너무 싫어서 그 일을 하는 것을 참을 수 없다고 말하고 싶을 때, **I cannot bear to ~**라는 표현을 사용해서 말할 수 있습니다. 이때, to 뒤에는 hear, wait 등 여러 다른 참을 수 없는 일을 넣어서 말할 수 있습니다. 아래 대화처럼 **I cannot bear to ~**을 생활 속에서 그대로 써봅시다.

Do you want to see that new scary movie this weekend?
이번 주말에 새로 나온 그 무서운 영화 보길 원하니?

No. You know that **I cannot bear to** hear screaming.
아니. 너 **내가** 비명 소리를 듣는 **것을 참을 수 없다**는 것 알잖아.

DAY 02

제인
구달

I DON'T
THINK
IT'S
RIGHT

해커스톡 영어회화 10분의 기적 유명인처럼 말하기

주목할만한
표현 2

Even if it's a big aquarium, **I don't think it's right.**

그곳이 큰 수족관이라 하더라도, <u>저는 그것이 옳다고 생각하지 않습니다.</u>

어떤 일에 대해 옳다고 생각하지 않는다고 말하고 싶을 때, **I don't think it's right**이라고 말할 수 있습니다.
이때, **I don't think**는 '~라고 생각하지 않는다'라는 뜻으로, 어떤 의견에 반대한다는 것을 나타내는 표현입니다. 아래 대화처럼 **I don't think it's right**을 생활 속에서 그대로 써봅시다.

Why don't we pick some flowers from the garden?

우리 이 정원에서 꽃을 몇 송이 꺾는 게 어때?

* pick flowers 꽃을 꺾다

No. This is a public garden. **I don't think it's right.**

안돼. 여긴 공공 정원이야. 나는 그것이 옳다고 생각하지 않아.

DAY 03

쥐스탱 트뤼도처럼
말해보기

SO
BE
KIND

Justin Trudeau
출생: 1971.12.25
직업: 제23대 캐나다 총리
특이사항: 세계에서 가장
          핫한 정치인 1위 선정

쥐스탱 트뤼도(Justin Trudeau)는 제23대 캐나다 총리입니다. 세계에서 가장 핫한 정치인으로도 유명한 그는 다양성과 평등을 지향하는 정치관을 보이며 세계적으로 높은 인기를 얻고 있습니다. 그의 아버지도 캐나다 총리를 지냈을 만큼 유명한 정치 가문의 후손이지만, 정작 그는 20대까지 정치에 별다른 관심이 없었습니다. 교사, 스키 강사, 나이트클럽의 안전요원까지 다양한 직업을 경험했던 그는 30대 후반이 돼서야 정계에 진출했고, 이후 많은 캐나다 국민들의 지지를 받으며 총리로 선출되었습니다.

그는 에든버러 대학교 졸업식에 연사로 나서 사회로의 첫발을 내딛는 졸업생들에게 어떤 직업을 가질지에 대해 걱정하기보다는 어떤 사람이 될지에 대해 고민하라고 말합니다. **이 연설에서 그는 어디에서든 친절하게 행동하라고 조언합니다.** 다정하면서도 진심 어린 어조가 돋보이는 그의 이야기를 들어보세요.

 먼저 트뤼도의 연설 영상을 보세요. 아래 어휘·표현 미리 보기를 참고 하되, 내용을 완벽하게 이해하지 못해도 좋습니다.
◀ 영상 보기

🔍 어휘·표현 미리 보기

have an impact 영향력을 가지다   **hold the door** 문을 잡아주다
Be kind. 친절해져라.
Say please and thank you. 부탁합니다라고 그리고 고맙습니다라고 말하라.

STEP 1

트뤼도의 말
한 문장씩
짚어가며 들어보기

STEP 2

한 문장씩
음성을 따라
말하기

STEP 3
우리말만 보고
트뤼도처럼
말해보기

◀ 음성과 함께 STEP별로 따라 하기

1 Your actions,

2 today and tomorrow,

3 big and small,

4 have an impact.

5 So **be kind.**

6 **Say please and thank you,**

7 and hold the door.

have an impact 영향력을 가지다   hold the door 문을 잡아주다

¹ 여러분의 행동은,

² 오늘과 내일의,

³ 크고 작은 것들이,

⁴ 영향력을 가집니다.

⁵ 그러니 친절해지세요.

⁶ 부탁합니다라고 그리고 고맙습니다라고 말하세요,

⁷ 그리고 문을 잡아주세요.

트뤼도는 작은 친절을 베푸는 예시로
뒷사람을 위해 문을 잡아주는 것을
들었습니다.

트뤼도가 사용한 표현을
생활 속 대화에서 그대로 써봅시다.

◀ 음성과 함께 표현 연습하기

So **be kind.**

그러니 **친절해지세요.**

상대방에게 "친절해져라."라고 말하고 싶을 때, **Be kind**라고 말할 수 있습니다. 이때, be는 '~하라' 또는 '~가 되어라'라는 의미를 나타냅니다. be 뒤에는 nice, smart 등 성격을 나타내는 여러 다른 말을 넣어서 말할 수 있습니다. 아래 대화처럼 **Be kind**를 생활 속에서 그대로 써봅시다.

What should I do when I meet my boyfriend's family?

내 남자친구의 가족을 만날 때 나는 어떻게 해야 하지?

Be kind to them and ask lots of questions.

그들에게 **친절해지고** 질문을 많이 해.

Say please and thank you, and hold the door.
부탁합니다라고 그리고 고맙습니다라고 말하세요, 그리고 문을 잡아주세요.

상대방에게 친절하게 대하기 위한 방법으로 "부탁합니다라고 그리고 고맙습니다라고 말해."라고 말하고 싶을 때 **Say please and thank you**라고 말할 수 있습니다. 이때, please는 '부탁합니다'라는 의미로, 정중하게 말할 때 문장 뒤에 붙여 쓰는 말입니다. 아래 대화처럼 **Say please and thank you**를 생활 속에서 그대로 써봅시다.

Why do students like the teacher so much?
왜 학생들은 그 선생님을 그렇게 많이 좋아할까?

She's nice. She **says please and thank you** a lot.
그녀는 다정해. 그녀는 **부탁합니다라고 그리고 고맙습니다라고** 많이 말해.

DAY 04

잭 마처럼
말해보기

TALK
ABOUT
HOW

Jack Ma

출생: 1964.09.10
직업: 알리바바 그룹 창립자
특이사항: 2018년 포브스지 선정
가장 영향력 있는 인물 21위

잭 마(Jack Ma)는 '작은 거인'으로도 불리는, 알리바바 그룹의 창립자입니다. 그는 체구도 작고 배경도 내세울 것 없었지만, 실패를 두려워하지 않는 두둑한 배짱을 무기로 알리바바 그룹을 세계적인 기업으로 성장시켰습니다. 대학에서 영어 강사 생활을 하던 중 중국에서 인터넷 사업이 성공할 것이라는 확신을 가지고 창업에 나선 그는 인터넷 쇼핑 사이트 타오바오로 중국의 전자 상거래를 활성화했고, QR코드 하나로 간편하게 결제할 수 있는 알리페이로 중국 금융계에 혁신을 일으켰습니다.

그는 한 인터뷰에서 30년 동안 꾸준히 수련해온 것으로 유명한 태극권을 좋아하는 이유에 대해 말합니다. **이 인터뷰에서 그는 태극권은 균형을 이루는 방법에 관한 것이며, 사업적인 경쟁에서도 적용할 수 있다고 말합니다.** 유쾌한 어조와 재치 있는 표현이 돋보이는 그의 이야기를 들어보세요.

 먼저 잭 마의 인터뷰 영상을 보세요. 아래 어휘·표현 미리 보기를 참고하되, 내용을 완벽하게 이해하지 못해도 좋습니다.

◀ 영상 보기

Q 어휘·표현 미리 보기

Tai Chi 태극권

competition [kὰmpətíʃən] 경쟁, 시합

… is about how ~ …은 ~하는 방법에 관한 것이다

compete with ~ ~와 경쟁하다

balance [bǽləns] 균형을 이루다

company [kʌ́mpəni] 회사

STEP 1
잭 마의 말
한 문장씩
짚어가며 들어보기

STEP 2
한 문장씩
음성을 따라
말하기

STEP 3
우리말만 보고
잭 마처럼
말해보기

◀ 음성과 함께 STEP별로 따라 하기

주목할만한
표현 1

1 Tai Chi **is about how you balance**, how you work,

2 like a competition.

주목할만한
표현 2

3 People say when I **compete with** *eBay*,

4 they say, "You hate *eBay*."

5 No, no, no, I don't hate *eBay*. It's a great company.

6 You know, they come, I go.

7 Tai Chi's like, you fight here, I go over there.

Tai Chi 태극권   balance [bǽləns] 균형을 이루다   competition [kàmpətíʃən] 경쟁, 시합   company [kʌ́mpəni] 회사

¹태극권은 당신이 균형을 이루는 방법, 당신이 일하는 방법에 관한 것입니다,

²마치 경쟁처럼요.

³내가 이베이와 경쟁할 때 사람들은 말합니다,

⁴그들은 "당신은 이베이를 싫어하는군요."라고 말해요.

⁵아뇨, 아뇨, 아뇨, 저는 이베이를 싫어하지 않아요. 그곳은 훌륭한 회사에요.

⁶말하자면, 그들이 오면, 나는 가죠.

⁷태극권은 마치, 당신이 여기서 싸움을 하면, 나는 저쪽으로 가는 그런 겁니다.

잭 마가 사용한 표현을
생활 속 대화에서 그대로 써봅시다.

◀ 음성과 함께 표현 연습하기

Tai Chi is about how you balance, how you work, like a competition.
태극권은 당신이 균형을 이루는 **방법**, 일하는 방법**에 관한 것**입니다, 마치 경쟁처럼요.

무언가가 어떤 일을 하는 방법에 관한 것이라고 말하고 싶을 때, ··· **is about how ~**라는 표현을 사용해서 말할 수 있습니다. 이때, how 뒤에는 you learn a language, I work 등 다른 여러 말을 넣어서 말할 수 있습니다. 아래 대화처럼 ··· **is about how ~**를 생활 속에서 그대로 써봅시다.

Do you know what this book is about?
너는 이 책이 무엇에 관한 것인지 알아?

Yes, it **is about how** you learn a language.
응, 이것은 언어를 배우는 **방법**에 관한 것이야.

DAY 04

잭 마

TAI CHI
IS
ABOUT
HOW

해커스톡 영어회화 10분의 기적 유명인사처럼 말하기

주목할만한
표현 2

People say when I **compete with** eBay, they say, "You hate eBay."

내가 이베이**와 경쟁할** 때 사람들은 말합니다, 그들은 "당신은 이베이를 싫어하는군요."라고 말해요.

누군가와 경쟁한다라고 말하고 싶을 때, **compete with ~**라는 표현을 사용해서 말할 수 있습니다. 이때, with 뒤에는 him, her 등 여러 다른 경쟁하는 대상을 넣어서 말할 수 있습니다. 아래 대화처럼 **compete with ~**을 생활 속에서 그대로 써봅시다.

Are you close with your brother?

너는 너의 남자 형제랑 가까워?

Yes, but I **compete with** him all the time.

응, 하지만 나는 늘 그**와 경쟁해**.

WHERE
WOMEN
BELONG

Meghan Markle
출생: 1981.08.04
직업: 영국 왕자비
특이사항: 2018년 영국 해리 왕자와 결혼

메건 마클(Meghan Markle)은 영국의 왕자비입니다. 미국의 배우였던 그녀는 영국의 해리 왕자와 결혼하여 왕실의 일원이 되었습니다. 한때 왕실의 말썽쟁이로도 불렸던 해리 왕자와는 사뭇 다르게 지적이고 모범적인 이미지로 유명한 그녀는 유엔 여성 친선대사로도 활동했을 만큼 유명한 여성 인권 운동가입니다. 그녀는 르완다와 인도 등 인도주의 사업이 펼쳐지는 현장에서 직접 발로 뛰며 여성 인권 운동에 적극적으로 참여하고 있습니다.

그녀는 국제 여성의 날 유엔 총회에서 열한 살 때 부당한 광고 문구를 바꾸기 위해 행동에 나섰던 경험을 소개합니다. **이 연설에서 그녀는 성차별적인 내용의 광고 문구를 당연한 것으로 받아들이는 남자아이들의 반응에 충격을 받았다고 말합니다.** 풍부한 표현력이 드러나는 말투와 분명한 발음이 돋보이는 그녀의 이야기를 들어보세요.

 먼저 메건 마클의 연설 영상을 보세요. 아래 어휘·표현 미리 보기를 참고하되, 내용을 완벽하게 이해하지 못해도 좋습니다.

◀ 영상 보기

🔍 어휘·표현 미리 보기

tag line 광고 문구
pot [pɑt] 냄비
That's where ~ belong 그곳이 ~이 속한 곳이다
I remember -ing 나는 ~했던 것을 기억한다

greasy [gríːsi] 기름진
hurt [hɑːrt] 마음이 아픈

STEP 1

메건 마클의 말
한 문장씩
짚어가며 들어보기

STEP 2

한 문장씩
음성을 따라
말하기

STEP 3

우리말만 보고
메건 마클처럼
말해보기

◀ 음성과 함께 STEP별로 따라 하기

¹ The tag line said,

² "Women all over America

³ are fighting greasy pots and pans."

⁴ Two boys from my class said,

주목할만한
표현 1

⁵ "Yeah. **That's where women belong.** In the kitchen."

주목할만한
표현 2

⁶ **I remember feeling** shocked and angry

⁷ and also just feeling so hurt.

tag line 광고 문구 greasy[grí:si] 기름진 pot[pɑt] 냄비 belong[bilɔ́:ŋ] ~에 속하다 hurt[hə:rt] 마음이 아픈

¹광고 문구에는 이렇게 쓰여있었습니다,

²"미국 전역의 여자들이

³기름진 냄비와 프라이팬과 씨름하고 있습니다."

⁴저희 반의 두 남자아이가 말했습니다,

⁵"그래. 그곳이 여자들이 속한 곳이지. 부엌 말이야."

⁶저는 충격과 분노를 느꼈던 것을 기억합니다

⁷그리고 또 정말 마음이 아팠던 것도요.

이후 메건 마클은 여러 사람들에게 편지를
써서 문제를 알렸고, 그 결과 광고 문구의
"여자들"은 "사람들"로 바뀌었습니다.

메건 마클이 사용한 표현을
생활 속 대화에서 그대로 써봅시다.

◀ 음성과 함께 표현 연습하기

Two boys from my class said, "Yeah. **That's where** women **belong.**
In the kitchen."

저희 반의 두 남자아이가 말했습니다. "그래. **그곳이** 여자들**이 속한 곳이지**. 부엌 말이야."

누군가가 어떤 자리나 공간에 아주 잘 어울린다고 말하고 싶을 때, **That's where ~ belong**이라는 표현을 사용해서 말할 수 있습니다. 이때, where와 belong 사이에는 you, students 등 여러 다른 대상을 넣어서 말할 수 있습니다. 아래 대화처럼 **That's where ~ belong**을 생활 속에서 그대로 써봅시다.

I'm really happy in my new neighborhood.

나는 나의 새로운 동네에서 정말 행복해.

* neighborhood 동네

Yeah, I feel like **that's where** you **belong.**

그래, 나는 **그곳이** 네가 속한 곳인 것처럼 느껴져.

I remember feel**ing** shocked and angry.

저는 충격과 분노를 느꼈<u>던 것을 기억합니다.</u>

과거에 했었던 일이 기억난다고 말하고 싶을 때, **I remember -ing**라는 표현을 사용해서 말할 수 있습니다. 이때, remember 뒤에는 thinking, crying 등 여러 다른 기억나는 과거의 일을 넣어서 말할 수 있습니다. 아래 대화처럼 **I remember -ing**를 생활 속에서 그대로 써봅시다.

What was your first impression of me?

나에 대한 네 첫인상이 어땠어?

* impression 인상

Mmm, **I remember** think**ing** you looked cute.

음, 나는 네가 귀여워 보인다고 생각했던 것을 기억해.

DAY 06

스티븐 호킹처럼
말해보기

LOOK
UP
AT THE
STARS

Stephen Hawking
출생-사망: 1942.01.08-
2018.03.14
직업: 물리학자
닉네임: 20세기 천재 물리학자

스티븐 호킹(Stephen Hawking)은 블랙홀 연구로 우주 연구에 새로운 지평을 연 물리학자입니다. 21세 때 온몸의 근육이 서서히 마비되는 루게릭병 진단을 받은 그는 몇 년 살지 못할 것이라는 의사의 예상에도 불구하고 불굴의 의지로 50년 넘게 연구 생활을 했습니다. 병세가 악화되어 말을 하고 눈을 깜빡이는 능력까지 잃게 되자, 미세한 얼굴의 움직임을 읽어 내용을 입력할 수 있는 전자 발성 장치를 통해 세상과 소통했습니다. 2018년 세상을 떠날 때까지 우주 연구에 대한 열정을 보여준 그를 여전히 많은 사람들이 존경하고 있습니다.

그는 한 연설에서 자신의 연구 인생을 되돌아보며, 자신의 연구가 인류가 우주를 이해하는 데 기여했다면 그걸로 행복하다고 말합니다. **이 연설에서 그는 고개를 들어 별들을 보면서 호기심을 가지라고 말합니다.** 전자 발성 장치를 통하고 있음에도 따뜻한 감성이 돋보이는 그의 이야기를 들어보세요.

 먼저 호킹의 연설 영상을 보세요. 아래 어휘·표현 미리 보기를 참고하되, 내용을 완벽하게 이해하지 못해도 좋습니다.
◀ 영상 보기

🔍 어휘·표현 미리 보기

wonder[wʌ́ndər] 궁금해하다
exist[igzíst] 존재하다
look up at ~ ~을 올려다보다
make sense of ~ ~을 이해하다

universe[júːnəvə̀ːrs] 우주
curious[kjúəriəs] 호기심을 갖고 있는

STEP 1

호킹의 말
한 문장씩
짚어가며 들어보기

STEP 2

한 문장씩
음성을 따라
말하기

STEP 3

우리말만 보고
호킹처럼
말해보기

 ◀ 음성과 함께 STEP별로 따라 하기

주목할만한
표현 1

¹ So remember to **look up at the stars**

² and not down at your feet.

주목할만한
표현 2

³ Try to **make sense of what you see**

⁴ and wonder

⁵ about what makes the universe exist.

⁶ Be curious.

wonder[wʌ́ndər] 궁금해하다   universe[júːnəvə̀ːrs] 우주   exist[igzíst] 존재하다
curious[kjúəriəs] 호기심을 갖고 있는

DAY 06

스티븐
호킹

LOOK
UP
AT THE
STARS

해커스톡 영어회화 10분의 기적 유명인처럼 말하기

[1] 그러니 별들을 올려다보는 것을 잊지 마세요

> 호킹은 인간이 우주의 작은 입자임을 이해한 것이 우주 연구의 시작이었다고 말했습니다.

[2] 여러분의 발을 내려다보지 말고요.

[3] 여러분이 보는 것을 이해하려고 해보세요

[4] 그리고 궁금해하세요

[5] 무엇이 이 우주가 존재하도록 하는지에 대해서요.

[6] 호기심을 가지세요.

호킹이 사용한 표현을
생활 속 대화에서 그대로 써봅시다.

◀ 음성과 함께 표현 연습하기

주목할만한
표현 1

So remember to **look up at** the stars and not down at your feet.
그러니 여러분의 발을 내려다보지 말고 별들을 <u>올려다보는</u> 것을 잊지 마세요.

무엇을 올려다본다고 말하고 싶을 때, **look up at ~**이라는 표현을 사용해서 말할 수 있습니다. 이때, up은 '위로'라는 방향을 가리키며, up 대신 down을 쓰면 '내려다보다'라는 의미로도 말할 수 있습니다. **아래 대화처럼 look up at ~**을 생활 속에서 그대로 써봅시다.

Look up at the sunset!
노을을 올려다봐!

Wow, it's a really strange color.
와, 정말 묘한 색이다.

DAY 06

스티븐
호킹

LOOK
UP
AT THE
STARS

해커스톡 영어회화 10분의 기적 유명인처럼 말하기

주목할만한
표현 2

Try to **make sense of** what you see.
여러분이 보는 것을 **이해하려고** 해보세요.

어떤 것을 이해한다고 말하고 싶을 때, **make sense of ~**라는 표현을 사용해서 말할 수 있습니다. 이때, sense는 '분별, 지각'이라는 의미로, make와 함께 쓰면 '이해하다, 의미가 통하다'라는 의미를 나타냅니다. 아래 대화처럼 **make sense of ~**을 생활 속에서 그대로 써봅시다.

I can't **make sense of** this science book.
나는 이 과학 책을 **이해하지** 못하겠어.

I think it's difficult too.
나도 그것이 어렵다고 생각해.

DAY 07

멜린다 게이츠처럼
말해보기

Melinda Gates
출생: 1964.08.15
직업: 빌 앤 멜린다 게이츠 재단 의장
특이사항: 2021년 포브스지 선정 가장
파워풀한 여성 5위

멜린다 게이츠(Melinda Gates)는 세계 최대의 자선 재단인 빌 앤 멜린다 게이츠의 의장이자 전 세계에서 가장 영향력 있는 여성 중 한 명입니다. 마이크로소프트 직원이었던 그녀는 빌 게이츠와 결혼 후 자녀를 출산하며 일선에서 물러났습니다. 아프리카 여행을 떠난 그녀는 그곳 사람들의 빈곤한 생활에 충격을 받았고, 재산을 의미 있게 쓰고자 하였습니다. 세계에서 가장 부자였던 빌과 멜린다 게이츠는 재산을 투자해 빌 앤 멜린다 게이츠 재단을 설립했고, 이 재단을 전 세계에서 가장 큰 민간 재단으로 성장시키며 세상을 바꾸는 일에 앞장서고 있습니다.

그녀는 듀크 대학교 졸업식에 연사로 나서 인터넷 등의 기술 발달로 타인과 더 많이 연결되어 소통할 수 있다고 말합니다. **이 연설에서 그녀는 이 연결을 통해 세계에 변화를 일으키는 일을 하라고 이야기합니다.** 따뜻한 말투와 사려 깊은 어조가 돋보이는 그녀의 이야기를 들어보세요.

 먼저 멜린다의 연설 영상을 보세요. 아래 어휘·표현 미리 보기를 참고 하되, 내용을 완벽하게 이해하지 못해도 좋습니다.
◀ 영상 보기

🔍 어휘·표현 미리 보기

connect[kənékt] 연결되다
take action 행동을 취하다
I want you to ~ 네가 ~을 하기를 바라다
make a difference 변화를 일으키다

inspire[inspáiər] 고무시키다

STEP 1

멜린다의 말
한 문장씩
짚어가며 들어보기

STEP 2

한 문장씩
음성을 따라
말하기

STEP 3

우리말만 보고
멜린다처럼
말해보기

 ◀ 음성과 함께 STEP별로 따라 하기

주목할만한
표현 1

¹**I want you to** connect

²**because I believe**

³**it will inspire you**

⁴**to do something,**

⁵**to take action,**

주목할만한
표현 2

⁶**to make a difference** in the world.

connect[kənékt] 연결되다 inspire[inspáiər] 고무시키다 take action 행동을 취하다

DAY 07

멜린다
게이츠

I WANT
YOU
TO
CONNECT

¹ 여러분이 연결되기를 바랍니다

멜린다는 인터넷 등 기술 발달로 타인과 더 많이 연결되어 소통할 수 있다고 말했습니다.

² 왜냐하면 저는 믿기 때문입니다

³ 그것이 여러분을 고무시킬 거라고요

⁴ 무언가를 하도록,

⁵ 행동을 취하도록,

⁶ 세상에 변화를 일으키도록 이요.

멜린다가 사용한 표현을
생활 속 대화에서 그대로 써봅시다.

◀ 음성과 함께 표현 연습하기

주목할만한
표현 1

I want you to connect.
<u>여러분이 연결되기를 바랍니다</u>.

상대방이 어떤 일을 하기를 바란다고 말하고 싶을 때, **I want you to ~**라는 표현을 사용해서 말할 수 있습니다. 이때, **to** 뒤에는 **do the laundry, read a book** 등 여러 다른 행동을 나타내는 말을 넣어서 말할 수 있습니다. 아래 대화처럼 **I want you to ~**을 생활 속에서 그대로 써봅시다.

I want you to do the laundry this afternoon.
네가 오늘 오후에 빨래하기를 바라.

OK, I'll do it.
알겠어, 내가 그거 할게.

DAY 07

멜린다
게이츠

I WANT
YOU
TO
CONNECT

해커스톡 영어회화 10분의 기적 유튜버처럼 말하기

Because I believe it will inspire you to do something, to take action,
to **make a difference** in the world.

왜냐하면 저는 그것이 여러분이 무언가를 하도록, 행동을 취하도록, 세상에 <u>변화를 일으키</u>도록 여러분을
고무시킬 거라고 믿기 때문입니다.

무언가에 변화를 일으킨다고 말하고 싶을 때, **make a difference**라고 말할 수 있습니다. 이때, difference
는 '변화, 차이'라는 의미로, make와 함께 쓰면 '변화를 일으키다, 차이를 만들다'라는 의미를 나타냅니다. 아래
대화처럼 **make a difference**를 생활 속에서 그대로 써봅시다.

I want to **make a difference** in people's lives.

나는 사람들의 삶에 **변화를 일으키**고 싶어.

Try working for a charity.

자선 단체에서 일하는 것을 시도해봐.

* charity 자선 단체

DAY 08

마크 저커버그처럼
말해보기

Mark Zuckerberg

Mark Zuckerberg
출생: 1984.05.14
직업: 페이스북 CEO
특이사항: 2021년 포브스지 선정
억만장자 5위

마크 저커버그(Mark Zuckerberg)는 소셜 네트워크 서비스 열풍을 몰고 온 페이스북의 설립자이자 CEO입니다. 그는 고등학교 때 이미 한 미디어 회사에 고용되어 인공 지능 음악 재생 프로그램을 개발했을 정도로 실력이 좋았습니다. 이후 저명한 기업의 스카우트를 거절하고 하버드 대학교에 진학한 그는 친구들과 수다를 떨던 중 얻은 아이디어로 학생들끼리 인맥을 관리할 수 있는 서비스인 페이스북을 만들게 되었고, 이는 미국 전역의 대학생들 사이에서 선풍적인 인기를 얻었습니다. 그는 대학을 그만두고 사업에 집중했고, 페이스북을 전 세계 소통의 상징으로 만들었습니다.

그는 하버드 대학교 졸업식에 연사로 나서 모교의 후배들에게 축하 인사를 건넵니다. **이 연설에서 그는 자신이 학업을 끝마치지 않았다는 사실을 이용해 재미있는 농담을 합니다.** 명쾌한 목소리와 재치 있는 어조가 돋보이는 그의 이야기를 들어보세요.

먼저 저커버그의 연설 영상을 보세요. 아래 어휘·표현 미리 보기를 참고하되, 내용을 완벽하게 이해하지 못해도 좋습니다.

◀ 영상 보기

🔍 어휘·표현 미리 보기

get through ~ ~을 끝내다

actually [ǽktʃuəli] 실제로

Let's face it. 우리 인정할 것은 인정하자.

the first time 처음, 첫 번째

speech [spiːtʃ] 연설

STEP 1

저커버그의 말
한 문장씩
짚어가며 들어보기

STEP 2

한 문장씩
음성을 따라
말하기

STEP 3

우리말만 보고
저커버그처럼
말해보기

 ◀ 음성과 함께 STEP별로 따라 하기

주목할만한
표현 1

¹**Let's face it**,

²you accomplished

³something I never could.

⁴If I get through this speech today,

주목할만한
표현 2

⁵it'll be **the first time**

⁶I actually finish something here at Harvard.

get through ~ ~을 끝내다 speech [spiːtʃ] 연설 actually [ǽktʃuəli] 실제로

¹ 우리 인정할 것은 인정합시다,

² 여러분은 성취했습니다

³ 내가 결코 하지 못했던 어떤 것을요.

여기서 '내가 결코 하지 못했던 것'은
'하버드대 졸업'을 의미합니다.

⁴ 만약 내가 오늘 연설을 끝낸다면,

⁵ 그것은 처음일 것입니다

⁶ 내가 여기 하버드에서 무언가를 실제로 끝내는 것이요.

저커버그가 사용한 표현을
생활 속 대화에서 그대로 써봅시다.

 ◀ 음성과 함께 표현 연습하기

주목할만한
표현 1

Let's face it.
우리 인정할 것은 인정합시다.

어떤 사실을 인정하자고 말하고 싶을 때, **Let's face it**이라는 표현을 사용해서 말할 수 있습니다. 이 표현을 그대로 해석하면 '우리 그것을 직시하자'라는 의미로, 이를 '우리 인정할 것은 인정하자'라는 의미의 관용적인 표현으로 씁니다. 아래 대화처럼 **Let's face it**을 생활 속에서 그대로 써봅시다.

Why did you stop writing your novel?
너 왜 네 소설 쓰는 것을 그만둔 거야?

Let's face it. I'm not talented enough.
우리 인정할 것은 인정하자. 나는 충분히 재능있지 않아.

If I get through this speech today, it'll be **the first time** I actually finish something here at Harvard.

만약 내가 오늘 연설을 끝낸다면, 그것은 내가 여기 하버드에서 무언가를 실제로 끝내는 <u>처음</u>일 것입니다.

어떤 일이 처음이라고 말하고 싶을 때, **the first time**이라고 말할 수 있습니다. 이때, time은 '~번'이라는 뜻으로, 어떤 일을 하는 차례나 횟수를 나타내고, first와 함께 쓰면 '처음, 첫 번'이라는 뜻이 됩니다. 아래 대화처럼 **the first time**을 생활 속에서 그대로 써봅시다.

Have you traveled to Europe before?

너는 전에 유럽으로 여행 간 적 있니?

No, this trip to Italy will be **the first time** I visit Europe.

아니, 이탈리아로의 이번 여행이 내가 유럽에 방문하는 **처음**일 거야.

DAY 09

순다르 피차이처럼
말해보기

DOING
IT
FOR
EVERYONE

Sundar Pichai
출생: 1972.07.12
직업: 구글 CEO
특이사항: 2018년 포브스지 세계에서 가장
평판 좋은 CEO 10인 선정

순다르 피차이(Sundar Pichai)는 현재 IT 업계의 선두 기업인 구글의 CEO 입니다. 인도 출신의 그는 대학 입학 전까지 컴퓨터를 본 적도 없었을 만큼 컴퓨터와는 동떨어진 삶을 살고 있었습니다. 그러나, 이내 그는 컴퓨터를 접하면서 그 매력에 푹 빠져 개발자가 되었습니다. 입사 13년 만에 구글의 CEO 자리에 오른 그는 누구나 세상의 정보를 쓰기 쉽게 만든다는 구글의 비전을 강조하며 생활을 편리하게 만들어주는 서비스를 세계에 선보이고 있습니다.

그는 2017년 구글 개발자 콘퍼런스에 기조 연사로 나섰습니다. **이 연설에서 그는 구글의 핵심 임무는 모든 사람을 위해 세계의 정보를 체계화하는 것이라고 이야기합니다.** 독특한 악센트와 더불어 안정적인 어조가 돋보이는 그의 이야기를 들어보세요.

먼저 피차이의 연설 영상을 보세요. 아래 어휘·표현 미리 보기를 참고 하되, 내용을 완벽하게 이해하지 못해도 좋습니다.

◀ 영상 보기

🔍 어휘·표현 미리 보기

evermore[èvərmɔ́:r] 언제나
insight[ínsait] 통찰력
focus on ~ ~에 집중하다
do ··· for ~ ~을 위해 ···을 하다

organize[ɔ́:rɡənàiz] 체계화하다
at scale 알맞게

STEP 1

피차이의 말
한 문장씩
짚어가며 들어보기

STEP 2

한 문장씩
음성을 따라
말하기

STEP 3

우리말만 보고
피차이처럼
말해보기

◀ 음성과 함께 STEP별로 따라 하기

^{주목할만한 표현 1}

¹We've been **focused evermore on our core mission**

²of organizing the world's information.

^{주목할만한 표현 2}

³And we are **doing it for everyone**.

⁴And we approach it

⁵by applying deep computer science and technical insights

⁶to solve problems at scale.

---

evermore [èvərmɔ́ːr] 언제나   organize [ɔ́ːrgənàiz] 체계화하다   insight [ínsait] 통찰력   at scale 알맞게

DAY 09

순다르
피차이

DOING
IT
FOR
EVERYONE

해커스톡 영어회화 10분의 기적 유명인처럼 말하기

[1] 우리는 우리의 핵심 임무에 언제나 집중해왔습니다

[2] 세계의 정보를 체계화하는 것에요.

구글은 세계에 흩어져있는 정보를 누구나
접근할 수 있도록 체계화하여 제공하는
것을 사명으로 삼고 있습니다.

[3] 그리고 우리는 모든 사람을 위해 이 일을 하고 있습니다.

[4] 또한 우리는 그 일에 접근합니다

[5] 심화된 컴퓨터 과학과 기술적인 통찰력을 적용함으로써 말이죠

[6] 알맞게 문제를 해결할 수 있도록요.

피차이가 사용한 표현을
생활 속 대화에서 그대로 써봅시다.

◀ 음성과 함께 표현 연습하기

We've been **focused** evermore **on** our core mission of organizing the world's information.

우리는 세계의 정보를 체계화한다는 우리의 핵심 임무<u>에</u> 언제나 <u>**집중해**</u>왔습니다.

무언가에 집중한다고 말하고 싶을 때, **focus on ~**이라는 표현을 사용해서 말할 수 있습니다. 이때, focus와 on 사이에 evermore처럼 꾸며주는 말을 넣어 말할 수도 있습니다. 아래 대화처럼 **focus on ~**을 생활 속에서 그대로 써봅시다.

Did you finish your essay?

너 에세이 다 끝냈어?

Not yet. I'm **focusing on** finding a good topic.

아직 안 끝냈어. 나는 좋은 주제를 찾는 것<u>에</u> **집중하고** 있어.

And we are **doing** it **for** everyone.

그리고 우리는 모든 사람을 **위해** 이 일을 **하고** 있습니다.

누군가를 위해서 어떤 일을 한다고 말하고 싶을 때, **do ⋯ for ~**라는 표현을 사용해서 말할 수 있습니다. 이때, do 뒤에는 it, something 등 여러 다른 할 일을 넣고, for 뒤에는 me, you 등 다른 여러 대상을 넣어서 말할 수 있습니다. 아래 대화처럼 **do ⋯ for ~**을 생활 속에서 그대로 써봅시다.

I need someone to walk my dog tomorrow.

난 내일 나의 개를 산책시켜줄 누군가가 필요해.

• walk a dog 개를 산책시키다

Oh, I can **do** it **for** you!

오, 난 너를 위해 그 일을 할 수 있어!

DAY 10

스티븐 스필버그처럼
말해보기

IT
WENT
ALRIGHT

Steven Spielberg
출생: 1946.12.18
직업: 영화감독
특이사항: 영화 사상최초 누적 흥행수익
100억 달러 돌파

스티븐 스필버그(Steven Spielberg)는 블록버스터 영화의 거장이라고 불리는 세계적인 영화감독입니다. 그는 열여섯 살 때 직접 영화를 만들어 동네 극장에 영화를 상영하기도 한 떡잎부터 다른 영화인이었습니다. 대학생 때 직접 제작한 단편 영화로 유니버설 스튜디오와 계약하면서 대학을 중퇴하고 상업 영화의 세계로 뛰어들게 된 그는 「E.T.」, 「쥬라기 공원」 등 뛰어난 상상력으로 새로운 세계를 창조해 보여주는 영화들을 선보이며 전 세계 영화 팬들을 놀라게 했습니다. 수많은 흥행작들을 통해 100억 달러 이상의 수익을 내며, 지금까지도 그는 영화계의 신화를 써 내려 가고 있습니다.

그는 하버드 대학교 졸업식에 연사로 나서 자신은 대학을 졸업하는 데 37년이 걸렸다고 이야기합니다. **이 연설에서 그는 꿈에 그리던 스튜디오로부터 취업 제안을 받았을 때, 대학을 중퇴하는 결심을 했다고 말합니다.** 듣기 좋은 중후한 목소리와 편안한 어조가 돋보이는 그의 이야기를 들어보세요.

먼저 스필버그의 연설 영상을 보세요. 아래 어휘·표현 미리 보기를 참고하되, 내용을 완벽하게 이해하지 못해도 좋습니다.

◀ 영상 보기

Q 어휘·표현 미리 보기

sophomore[sάfəmɔ̀ːr] 2학년
reenroll[riinróul] 재입학하다
dropped out 중퇴했다, 그만두었다
It went alright. 그것은 잘 풀렸다.

offer[ɔ́ːfər] 제안하다

STEP 1
스필버그의 말
한 문장씩
짚어가며 들어보기

STEP 2
한 문장씩
음성을 따라
말하기

STEP 3
우리말만 보고
스필버그처럼
말해보기

 ◀ 음성과 함께 STEP별로 따라 하기

¹ I began college in my teens,

² but sophomore year,

³ I was offered my dream job at *Universal Studios*,

주목할만한
표현 1

⁴ so I **dropped out**.

⁵ I told my parents,

⁶ if my movie career didn't go well, I'd reenroll.

주목할만한
표현 2

⁷ **It went alright.**

sophomore [sáfəmɔ̀ːr] 2학년   offer [ɔ́ːfər] 제안하다   reenroll [riinróul] 재입학하다

DAY 10

스티븐
스필버그

IT
WENT
ALRIGHT

해커스톡 영어회화 10분의 기적 유명인처럼 말하기

¹내가 십 대였을 때 대학에 진학했습니다,

²하지만 2학년 때,

³유니버설 스튜디오에서 내 꿈의 직업을 제안받았어요,

⁴그래서 나는 중퇴했죠.

⁵나는 내 부모님에게 이야기했습니다,

⁶만약 내 영화계 직업이 잘 풀리지 않는다면, 재입학하겠다고요.

⁷그것은 잘 풀렸지요.

스필버그가 사용한 표현을
생활 속 대화에서 그대로 써봅시다.

◀ 음성과 함께 표현 연습하기

I was offered my dream job at *Universal Studios*, so I **dropped out**.
유니버설 스튜디오에서 내 꿈의 직업을 제안받았어요, 그래서 나는 **중퇴했죠**.

어떤 일을 중도에 그만두었다고 말하고 싶을 때, **dropped out**이라는 표현을 사용해서 말할 수 있습니다. 이 때, drop out은 '참여하던 것에서 빠지다, 그만하다'라는 의미이며, 학교에 대해 이야기할 때는 '중퇴하다'라는 의미로 쓰입니다. 아래 대화처럼 **dropped out**을 생활 속에서 그대로 써봅시다.

I heard that she **dropped out**.
그녀가 **중퇴했다**고 들었어.

That's very strange. Do you know why?
그것 참 이상하네. 왜인지 알아?

DAY 10

스티븐
스필버그

IT
WENT
ALRIGHT

해커스톡 영어회화 10분의 기적 유명인처럼 말하기

주목할만한
표현 2

I told my parents, if my movie career didn't go well, I'd reenroll.
It went alright.

나는 내 부모님에게 이야기했습니다, 만약 내 영화계 직업이 잘 풀리지 않는다면, 재입학하겠다고요. <u>그것은
잘 풀렸지요.</u>

"(어떤 일이) 잘 풀렸다."라고 말하고 싶을 때, **It went alright**이라고 말할 수 있습니다. 이때, go는 '(일이)
진행되다'라는 의미로 alright과 함께 쓰면 '잘 풀리다'라는 뜻이 됩니다. 아래 대화처럼 **It went alright**을
생활 속에서 그대로 써봅시다.

How was the job interview?
면접 어땠어?

Well, I guess **it went alright**.
글쎄, 내 생각에 **그것은 잘 풀린** 것 같아.

DAY 11

엘리자베스 여왕처럼
말해보기

IT'S
TIME
SLOW
DOWN

Elizabeth II
출생-사망: 1926.04.21-2022.09.08
직업: 영국 여왕
특이사항: 세계 최장 기간 재위한 군주

엘리자베스 여왕(Elizabeth II)은 영국의 여왕으로, 세계에서 가장 오랫동안 재위한 군주입니다. 스물다섯 살의 어린 나이에 왕위를 물려받은 그녀는 70년 넘게 영연방 국가와 영국 왕실을 대표하였습니다. 2차 세계 대전 때 직접 육군에 입대해 장교로 근무하는 등 국가에 봉사했던 것으로도 유명한 그녀는, 전쟁과 지역 갈등으로 나라가 어수선할 때마다 직접 문제 현장에 찾아가거나 연설을 통해 화합의 메시지를 전했습니다. 이와 같은 행보는 영국 국민들이 그녀를 국민을 보듬는 위대한 국왕으로 평가하게 하였습니다.

그녀는 크리스마스에 국민들에게 전하는 메시지에서 가족에 대해 감사함을 느낀다고 말합니다. **이 메시지에서 그녀는 부군인 필립공과 결혼 70주년을 맞게 된 소감을 이야기합니다.** 기품 있는 어조와 온화한 느낌이 돋보이는 그녀의 이야기를 들어보세요.

 먼저 여왕의 메시지 영상을 보세요. 아래 어휘·표현 미리 보기를 참고하되, 내용을 완벽하게 이해하지 못해도 좋습니다.

◀ 영상 보기

🔍 어휘·표현 미리 보기

invent[invént] 만들다, 발명하다   **term**[tə:rm] 용어
be around 함께 하다
-th wedding anniversary ~번째 결혼기념일
It's time to~ ~할 시간이다

STEP 1

여왕의 말
한 문장씩
짚어가며 들어보기

STEP 2

한 문장씩
음성을 따라
말하기

STEP 3

우리말만 보고
여왕처럼
말해보기

◀ 음성과 함께 STEP별로 따라 하기

¹ I didn't know

² that anyone had invented the term "platinum"

주목할만한
표현 1

³ for a **70th wedding anniversary**

⁴ when I was born.

⁵ You weren't expected to be around that long.

⁶ Even Prince Philip has decided

주목할만한
표현 2

⁷ **it's time to slow down** a little.

invent[invént] 만들다, 발명하다   term[tə:rm] 용어   anniversary[ӕnэ́vэ:rsэri] 기념일   be around 함께 하다

해커스톡 영어회화 10분의 기적 유명인처럼 말하기

DAY 11

엘리자베스
여왕

IT'S
TIME TO
SLOW
DOWN

[1] 저는 알지 못했어요

[2] 누군가 "플래티넘"이라는 용어를 만들어냈다는 것을요

[3] 70번째 결혼기념일을 위해서요

[4] 내가 태어났을 때 말이에요.

[5] 그렇게 오래 함께 할거라고는 기대되지 않았었어요.

[6] 필립공마저도 마음을 먹었다니까요

[7] 조금은 속도를 늦출 시간이라고요.

필립공이 70년의 긴 결혼 생활이
빨리 갔으니 시간을 느리게 가게
하자며 농담한 부분입니다.

여왕이 사용한 표현을
생활 속 대화에서 그대로 써봅시다.

◀ 음성과 함께 표현 연습하기

주목할만한
표현 1

I didn't know that anyone had invented the term "platinum" for a 70**th wedding anniversary**.
저는 누군가 70**번째 결혼기념일**을 위해서 "플래티넘"이라는 용어를 만들어냈다는 것을 알지 못했어요.

몇 번째 결혼 기념일이라고 말하고 싶을 때, **-th wedding anniversary**라는 표현을 사용해서 말할 수 있습니다. 숫자 뒤에 th를 쓰면 '-번째'라는 의미이고, 첫 번째, 두 번째, 세 번째의 경우에만 예외적으로 1st, 2nd, 3rd를 씁니다. 아래 대화처럼 **-th wedding anniversary**를 생활 속에서 그대로 써봅시다.

What's your plan for tonight?
오늘 밤 네 계획이 뭐야?

John and I are celebrating our 6**th wedding anniversary**.
존이랑 나는 우리 6**번째 결혼기념일**을 축하할 거야.

DAY 11

엘리자베스
여왕

IT'S
TIME TO
SLOW
DOWN

헤카스톡 영어회화! 10분의 기적 유명인처럼 말하기

주목할만한
표현 2

Even Prince Philip has decided **it's time to** slow down a little.

필립공마저도 조금은 속도를 늦<u>출 시간이라</u>고 마음을 먹었다니까요.

어떤 일을 할 시간이다, 즉 이제 어떤 일을 해야 한다고 말하고 싶을 때, **it's time to ~**라는 표현을 사용해서 말할 수 있습니다. 이때, to 뒤에는 get ready, play 등 여러 다른 해야 하는 행동을 나타내는 단어를 넣어서 사용할 수 있습니다. 아래 대화처럼 **it's time to ~**을 생활 속에서 그대로 써봅시다.

It's time to get ready to go out.

외출하기 위해 준비할 시간이야.

* go out 외출하다

Got it. But I'm not feeling good.

알았어. 근데 나 기분이 좋지 않아.

iPac

I'M NOT
WORRIED
ABOUT
A.I.

Tim Cook

출생: 1960,11,01
직업: 애플 CEO
특이사항: 2021년 타임지 가장
영향력 있는 100인 선정

팀 쿡(Tim Cook)은 스티브 잡스에 이어 애플을 이끌고 있는 경영인입니다. 취임할 당시만 해도 스티브 잡스에는 미치지 못할 것이라는 평가를 받았지만, 애플은 그의 취임 이후 민간 기업 사상 최초로 시가 총액 1조 달러를 달성하며 순항하고 있습니다. 그는 사람들의 생활에 도움이 되는 제품을 만들겠다는 애플의 목표를 지향합니다. 이러한 인간 중심 기술의 목표를 실현하기 위해 그는 취임 후 첫 번째 신제품으로 맥박 측정 기능을 탑재한 애플 워치를 선보여 심장 질환을 가진 환자들이 위급 상황에 신속하게 대처할 수 있게 했습니다.

그는 메사추세츠 공과대학교(MIT) 대학 졸업식에 연사로 나서 인공지능과 같은 미래 기술이 나아가야 할 길에 대해 말합니다. **이 연설에서 그는 기술적으로 진보하더라도 인간성을 잃어서는 안 된다고 주장합니다.** 감정이 풍부하게 드러나면서도 차분한 어조가 돋보이는 그의 이야기를 들어보세요.

 먼저 팀 쿡의 연설 영상을 보세요. 아래 어휘·표현 미리 보기를 참고하되, 내용을 완벽하게 이해하지 못해도 좋습니다.
◀ 영상 보기

Q 어휘·표현 미리 보기

compassion [kəmpǽʃən] 동정심　　　　　　consequence [kánsəkwèns] 결과
I'm not worried about ~ 나는 ~에 대해 걱정하지 않는다
I'm concerned about ~ 나는 ~에 대해 우려한다

STEP 1

팀 쿡의 말
한 문장씩
짚어가며 들어보기

STEP 2

한 문장씩
음성을 따라
말하기

STEP 3

우리말만 보고
팀 쿡처럼
말해보기

 ◀ 음성과 함께 STEP별로 따라 하기

^{주목할만한 표현 1}

¹ **I'm not worried about artificial intelligence**

² **giving computers the ability to think like humans.**

^{주목할만한 표현 2}

³ **I'm more concerned about people**

⁴ **thinking like computers**

⁵ **without values or compassion,**

⁶ **without concern for consequences.**

compassion [kəmpǽʃən] 동정심   consequence [kánsəkwèns] 결과

DAY 12

팀 쿡

I'M NOT
WORRIED
ABOUT
A.I.

해커스톡 영어회화 10분의 기적 유명인처럼 말하기

[1] 저는 인공지능에 대해 걱정하지 않습니다

[2] 컴퓨터에 인간처럼 생각할 수 있는 능력을 주는 것 말입니다.

[3] 저는 사람들에 대해 더 우려합니다

[4] 컴퓨터처럼 생각하는 것 말이죠

[5] 가치관이나 동정심 없이,

[6] 결과에 대한 고민 없이요.

팀 쿡이 사용한 표현을
생활 속 대화에서 그대로 써봅시다.

◀ 음성과 함께 표현 연습하기

I'm not worried about artificial intelligence giving computers the ability
to think like humans.
저는 컴퓨터에 인간처럼 생각할 수 있는 능력을 주는 인공지능에 대해 걱정하지 않습니다.

어떤 일에 대해 걱정하지 않는다고 말하고 싶을 때 **I'm not worried about ~**이라는 표현을 사용해서 말할
수 있습니다. 이때, about 뒤에는 you, the weather 등 여러 다른 대상을 넣어서 말할 수 있습니다. 아래 대
화처럼 **I'm not worried about ~**을 생활 속에서 그대로 써봅시다.

Did you do well on the driving test yesterday?
너 어제 운전면허 시험 잘 봤니?

* do well on ~ ~을 잘 보다, 잘하다

Yeah. **I'm not worried about** that test anymore.
응. 더 이상 나는 그 시험에 대해 걱정하지 않아.

I'm more **concerned about** people thinking like computers without values or compassion, without concern for consequences.

저는 가치관이나 동정심 없이, 결과에 대한 고민 없이 컴퓨터처럼 생각하는 사람들에 대해 더 우려합니다.

어떤 일에 대해 우려한다고 말하고 싶을 때 **I'm concerned about ~**이라는 표현을 사용해서 말할 수 있습니다. 이때, worry와 concern은 모두 '걱정하다'라는 의미가 있지만, worry는 불안감과 같은 감정이 더 느껴질 때 주로 사용하고, concern은 해결책을 제시해 개선할 수 있는 문제에 대해 말할 때 주로 사용합니다. 아래 대화처럼 **I'm concerned about ~**을 생활 속에서 그대로 써봅시다.

I'm concerned about our son. His grades are going down.

나는 우리 아들에 대해 우려해. 그의 성적이 떨어지고 있어.

You shouldn't put too much pressure on him.

당신은 그에게 너무 많은 압박을 주지 않아야 해.

* put pressure on ~에게 압박을 주다

THEIR

FIRST DAY

OF

SCHOOL

Michelle Obama

출생: 1964.01.17
직업: 전 미국 대통령 부인, 변호사
특이사항: 2016년 포브스지 선정
　　　　가장 파워풀한 여성 13위

미셸 오바마(Michelle Obama)는 전 미국 대통령 버락 오바마의 부인입니다. 그녀는 퍼스트레이디로서 미국인들에게 많은 사랑을 받았습니다. 변호사로 일하며 쌓아올린 그녀의 연설 실력은 대중의 마음을 단숨에 사로잡았습니다. 또한, 그녀는 아이들을 살뜰히 챙기는 평범한 생활 모습도 여과 없이 보여주며 친근한 이미지로 국민들에게 다가갔습니다. 그녀의 이런 친숙한 매력 덕분에 오바마 대통령의 퇴임 후에도 많은 미국인들이 팬으로서 그녀의 근황을 궁금해 하고 있습니다.

그녀는 한 좌담회에서 대통령 부인으로서 자신의 역할과 엄마로서 해야 할 역할에 대해 고민했다고 말합니다. **이 좌담회에서 그녀는 두 딸이 비밀 정보부 요원들과 함께 학교에 입학하던 날을 떠올리면 눈물이 난다고 말합니다.** 명확한 발음과 시원시원한 어조가 돋보이는 그녀의 이야기를 들어보세요.

 먼저 미셸의 좌담회 영상을 보세요. 아래 어휘·표현 미리 보기를 참고 하되, 내용을 완벽하게 이해하지 못해도 좋습니다.

◀ 영상 보기

Q 어휘·표현 미리 보기

move ~ to tears ~을 눈물 나게 하다
agent [éidʒənt] 요원
first day of ~ ~의 첫날
What on earth ~? 도대체 무엇 ~이지?

secret service 비밀 정보부

STEP 1

미셸의 말
한 문장씩
짚어가며 들어보기

STEP 2

한 문장씩
음성을 따라
말하기

STEP 3

우리말만 보고
미셸처럼
말해보기

◀ 음성과 함께 STEP별로 따라 하기

¹ I mean, it still moves me to tears

² to think about the first day

³ I put them in the car

⁴ with their secret service agents

주목할만한
표현 1

⁵ to go to their **first day of school**.

⁶ And I saw them leaving and I thought,

주목할만한
표현 2

⁷ **what on earth** am I doing to these babies?

move ~ to tears ~을 눈물 나게 하다   secret service 비밀 정보부   agent[éidʒənt] 요원

DAY 13

미셸
오바마

THEIR
FIRST DAY
OF
SCHOOL

해커스톡 영어회화 10분의 기적 유명인처럼 말하기

¹제 말은, 이것이 여전히 저를 눈물 나게 한다는 겁니다

²첫날을 생각하는 일이요

³제가 그들을 차에 태웠죠

⁴그들의 비밀 정보부 요원들과 함께요

⁵그들의 학교의 첫날에 등교하기 위해서요.

⁶그리고 저는 그들이 떠나는 것을 봤고 생각했어요,

⁷내가 이 아가들에게 도대체 무엇을 하고 있는 거지?

미셀이 사용한 표현을
생활 속 대화에서 그대로 써봅시다.

◀ 음성과 함께 표현 연습하기

주목할만한
표현 1

I put them in the car with their secret service agents to go to their **first day of** school.
제가 그들의 비밀 정보부 요원들과 함께 그들의 학교**의 첫날**에 등교하기 위해서 그들을 차에 태웠죠.

어떤 것의 첫날을 말하고 싶을 때, **first day of ~**라는 표현을 사용해서 말할 수 있습니다. 이때, of 뒤에는 my job, the week 등 여러 다른 단어를 넣어서 말할 수 있습니다. 아래 대화처럼 **first day of ~**을 생활 속에서 그대로 써봅시다.

I'm so nervous about the **first day of** my new job.
나는 내 새 직장**의 첫날**이 너무 긴장돼.

You'll be fine. Don't be nervous.
너는 괜찮을 거야. 긴장하지마.

DAY 13
—

미쉘
오바마

THEIR
FIRST DAY
OF
SCHOOL

해커스톡 영어회화 10분의 기적 유명인처럼 말하기

주목할만한
표현 2

What on earth am I doing to these babies?

내가 이 아가들에게 **도대체 무엇**을 하고 있는 거<u>지</u>?

"도대체 무엇 ~이지?"라는 의미로 말하고 싶을 때, **What on earth ~?**라는 표현을 사용해서 말할 수 있습니다. 이때, on earth는 '도대체'라는 의미로, 어떤 일에 대해 전혀 모르겠다는 것을 강조하는 표현입니다. 아래 대화처럼 **What on earth ~?**을 생활 속에서 그대로 써봅시다.

I quit my job today. **What on earth** did I do?

나 오늘 일 그만뒀어. 내가 **도대체 무엇**을 한 거지?

Oh, what happened? Was it stressful?

어머, 어떻게 된 거야? 그것이 스트레스가 많았어?

DAY 14

제프 베조스처럼
말해보기

CHOICES
CAN
BE
HARD

Jeff Bezos
출생: 1964.01.12
직업: 아마존닷컴 의장
특이사항: 2021년 포브스지 선정
억만장자 1위

제프 베조스(Jeff Bezos)는 글로벌 전자 상거래 기업인 아마존닷컴의
창업주이자 의장입니다. 그는 아마존닷컴을 창업하기 전에 여러 금융
회사에서 승승장구하던 전도유망한 직장인이었습니다. 그의 앞에는 안정적인
삶이 기다리고 있었지만 그는 단숨에 사표를 던지고 창업에 도전했습니다.
서점으로 시작한 아마존닷컴은 세계적인 온라인 쇼핑몰로 성장했고, 이와
더불어 그는 세계 최고의 부자 중 한 명이 되었습니다.

그는 프린스턴 대학교 졸업식에 연사로 나서 어린 시절 자신의 수학 실력을
뽐내고자 할머니에게 남은 예상 수명을 계산해서 알려줬고, 결국 할머니께
상처를 주었던 일화를 말합니다. **그는 이 연설에서 재능을 어떻게 쓸 것인지
선택하는 것이 중요하다고 말합니다.** 부드러운 말투와 차분한 어조가
돋보이는 그의 이야기를 들어보세요.

 먼저 베조스의 연설 영상을 보세요. 아래 어휘·표현 미리 보기를 참고
하되, 내용을 완벽하게 이해하지 못해도 좋습니다.
◀ 영상 보기

🔍 어휘·표현 미리 보기

cleverness[klévərnis] 영리함

seduce[sidjúːs] 현혹하다

after all 어쨌든

Choices can be hard. 선택은 어려울 수도 있다.

gift[gift] 재능

to the detriment of ~ 결국 ~에 해를 끼치는

STEP 1

베조스의 말
한 문장씩
짚어가며 들어보기

STEP 2

한 문장씩
음성을 따라
말하기

STEP 3

우리말만 보고
베조스처럼
말해보기

◀ 음성과 함께 STEP별로 따라 하기

¹ Cleverness is a gift, kindness is a choice.

주목할만한
표현 1

² Gifts are easy. **They're given after all.**

주목할만한
표현 2

³ **Choices can be hard.**

⁴ You can seduce yourself with your gifts

⁵ if you're not careful,

⁶ and if you do,

⁷ it'll probably be to the detriment of your choices.

cleverness [klévərnis] 영리함   gift [gift] 재능   seduce [sidjúːs] 현혹하다
to the detriment of ~ 결국 ~에 해를 끼치는

DAY 14

제프
베조스

CHOICES
CAN
BE
HARD

해커스톡 영어회화 10분의 기적 유명인처럼 말하기

[1] 영리함은 재능이고, 친절함은 선택입니다.

[2] 재능은 쉽습니다. 그것들은 어쨌든 주어지는 것이니까요.

[3] 선택은 어려울 수도 있습니다.

[4] 당신은 재능을 가지고 스스로를 현혹할 수 있습니다

[5] 당신이 조심하지 않으면 말입니다,

[6] 그리고 그렇게 한다면, 여기서 '그렇게 한다면'은 앞서 언급했던 '재능을 가지고 스스로를 현혹하는 것'을 가리킵니다.

[7] 그것은 아마도 결국 당신의 선택에 해를 끼칠 것입니다.

베조스가 사용한 표현을
생활 속 대화에서 그대로 써봅시다.

 ◀ 음성과 함께 표현 연습하기

주목할만한
표현 1

Gifts are easy. They're given **after all**.
재능은 쉽습니다. 그것들은 **어쨌든** 주어지는 것이니까요.

"어쨌든"이라고 말하고 싶을 때, **after all**이라는 표현을 사용해서 말할 수 있습니다. 이때, after all은 문장 앞이나 뒤에 붙여서 말할 수 있습니다. 아래 대화처럼 **after all**을 생활 속에서 그대로 써봅시다.

What should I give my girlfriend for her birthday?
내 여자친구에게 생일에 내가 무엇을 줘야 할까?

Something cool. She gave you that nice watch for your birthday, **after all**.
멋진 것으로. **어쨌든**, 그녀는 네 생일에 그 좋은 시계를 네게 줬잖아.

DAY 14

제프
베조스

CHOICES
CAN
BE
HARD

해커스톡 영어회화 10분의 기적 유명인처럼 말하기

주목할만한
표현 2

Choices can be hard.
선택은 어려울 수도 있습니다.

"무언가를 선택하는 것은 어려울 수도 있어."라고 말하고 싶을 때, **Choices can be hard**라고 말할 수 있습니다. 이때, can은 '~일 수도 있다'라는 의미로, 어떤 일이 일어날 수도 있다는 가능성을 나타냅니다. 아래 대화처럼 **Choices can be hard**를 생활 속에서 그대로 써봅시다.

I'm still not sure about my plans after university.
나는 대학 이후의 내 계획에 대해서 아직도 확실히 모르겠어.

Well, those kinds of **choices can be hard**.
음, 그런 종류의 **선택은 어려울 수도 있어**.

DAY 15

마이클 블룸버그처럼
말해보기

DO NOT
BE
AFRAID
OF

Michael Bloomberg
출생: 1942.02.14
직업: 블룸버그 통신 CEO
별명: 세계에서 정치적 영향력이
　　　가장 강한 기업인

마이클 블룸버그(Michael Bloomberg)는 전 미국 뉴욕 시장이자 미디어 기업인 블룸버그 통신의 CEO입니다. 그는 다니던 금융 회사에서 갑자기 해고당한 뒤, 증권 거래 정보를 신속하게 제공하는 플랫폼을 개발하여 억만장자가 되었습니다. 사업가로 크게 성공한 그는 뉴욕 시장으로 재임하며 행정가로의 변신에도 성공했습니다. 범죄와 테러로 사람들이 가기 꺼려 했었던 뉴욕시는 그가 시장으로 재임한 12년 동안 누구나 가고 싶은 매력적인 도시로 탈바꿈했습니다. 그는 시장으로서 연봉은 단 1달러만 받으면서, 오히려 자신의 돈 6억여 달러를 시정에 투자하는 통 큰 행보로 많은 사람들의 사랑을 받기도 했습니다.

그는 하버드 대학교 졸업식에 연사로 나서 다른 사람들의 권리를 위해 일어서라고 말합니다. **이 연설에서 그는 어떤 것이 옳다고 믿을 때, 이에 대해 말하는 것을 겁내지 말라고 이야기합니다.** 조리 있는 말투와 또렷한 발음이 돋보이는 그의 이야기를 들어보세요.

먼저 블룸버그의 연설 영상을 보세요. 아래 어휘·표현 미리 보기를 참고하되, 내용을 완벽하게 이해하지 못해도 좋습니다.

◀ 영상 보기

Q **어휘·표현 미리 보기**

graduate [grǽdʒuət] 졸업생
defend [dífend] 옹호하다
be afraid of -ing ~을 겁내다
when it comes to ~ ~에 관한 한

especially [ispéʃəli] 특히
right [rait] 권리

STEP 1

블룸버그의 말
한 문장씩
짚어가며 들어보기

STEP 2

한 문장씩
음성을 따라
말하기

STEP 3

우리말만 보고
블룸버그처럼
말해보기

◀ 음성과 함께 STEP별로 따라 하기

¹ Graduates, throughout your lives,

주목할만한
표현 1

² do not **be afraid of saying**

³ what you believe is right,

⁴ no matter how unpopular it may be,

주목할만한
표현 2

⁵ especially **when it comes to defending**

⁶ the rights of others.

graduate [grǽdʒuət] 졸업생   especially [ispéʃəli] 특히   defend [dípend] 옹호하다   right [rait] 권리

DAY 15

마이클
블룸버그

DO NOT
BE
AFRAID
OF

해커스톡 영어회화 10분의 기적 유명인처럼 말하기

[1] 졸업생 여러분, 여러분의 삶 내내,

[2] 말하는 것을 겁내지 마십시오

[3] 여러분이 옳다고 믿는 것을요,

[4] 그것이 제아무리 인기 없다 해도요,

여기서 '그것(it)'은 '여러분이 옳다고 믿는 것'을 가리킵니다.

[5] 특히 옹호하는 것에 관한 한에서는요

[6] 다른 사람들의 권리를 말입니다.

블룸버그가 사용한 표현을
생활 속 대화에서 그대로 써봅시다.

◀ 음성과 함께 표현 연습하기

주목할만한
표현 1

Do not **be afraid of** say**ing** what you believe is right.

여러분이 옳다고 믿는 것을 말하는 <u>것을 겁내</u>지 마십시오.

무언가를 하는 것을 겁낸다고 말하고 싶을 때, **be afraid of -ing**라는 표현을 사용해서 말할 수 있습니다. 이때, of 뒤에는 trying new things, singing songs 등 여러 다른 행동을 넣어서 말할 수 있습니다. **아래 대화처럼 be afraid of -ing을 생활 속에서 그대로 써봅시다.**

Do not **be afraid of** try**ing** new things.

새로운 것들을 시도하는 것을 겁내지 마.

I'll try to be brave.

용감해지려고 시도해볼게.

DAY 15

마이클
블룸버그

DO NOT
BE
AFRAID
OF

해커스톡 영어회화 10분의 기적 유명인처럼 말하기

—, especially **when it comes to** defending the rights of others

—, 특히 다른 사람의 권리를 옹호하는 것<u>에 관한 한</u>에서는요

"(무언가에) 관한 한"이라는 의미로, 특정 주제에 대해 한정해서 말할 때, **when it comes to ~**라는 표현을 사용해서 말할 수 있습니다. 이때, to 뒤에는 food, family 등 여러 다른 주제를 넣어서 말할 수 있습니다. 아래 대화처럼 **when it comes to ~**을 생활 속에서 그대로 써봅시다.

I'm very picky **when it comes to** food.

음식에 관한 한 나는 아주 까다로워.

* picky 까다로운

Really? I eat everything.

정말? 나는 모든 것을 먹는데.

MAKE
YOUR BED
EVERY
MORNING

William McRaven
출생: 1955.11.06
직업: 전 미국 특수전 사령부 사령관
특이사항: 걸프전, 이라크전 등 지휘

윌리엄 맥레이븐(William McRaven)은 전 미국 특수전 사령부 사령관입니다. 그는 37년 동안 미 해군 특수 부대에서 노련한 지휘관으로서 굵직한 작전을 맡았습니다. 그는 오사마 빈라덴의 테러 조직 알카에다의 세력을 약화시키는 계기가 되었던 '넵튠 스피어 작전'을 성공적으로 지휘하기도 했습니다. 이 작전의 성공으로 공로를 인정받아 미국의 영웅으로 불리기도 했습니다.

그는 텍사스 대학교 졸업식에 연사로 나서 특수 부대에서 지옥 훈련을 하면서 깨달은 교훈에 대해 말합니다. **이 연설에서 그는 세상을 바꾸고 싶다면 매일 아침 이부자리부터 정리하라고 조언합니다.** 카리스마 넘치는 말투가 돋보이는 그의 이야기를 들어보세요.

 먼저 맥레이븐의 연설 영상을 보세요. 아래 어휘·표현 미리 보기를 참고하되, 내용을 완벽하게 이해하지 못해도 좋습니다.
◀ 영상 보기

🔍 어휘·표현 미리 보기

accomplish [əkɑ́mpliʃ] 완수하다　　　　**task** [tæsk] 과업
a small sense of pride 작은 자부심　　**turn into ~** ~이 되다
make ~ bed ~의 이부자리를 정리하다
by the end of ~ ~을 마칠 무렵에

STEP 1

맥레이븐의 말
한 문장씩
짚어가며 들어보기

STEP 2

한 문장씩
음성을 따라
말하기

STEP 3

우리말만 보고
맥레이븐처럼
말해보기

◀ 음성과 함께 STEP별로 따라 하기

주목할만한
표현 1

¹ If you **make your bed** every morning,

² you will have accomplished the first task of the day.

³ It will give you a small sense of pride

⁴ and will encourage you to do another task,

⁵ and another, and another.

주목할만한
표현 2

⁶ And, **by the end of the day**, that one task completed

⁷ will have turned into many tasks completed.

accomplish [əkámpliʃ] 완수하다   task [tæsk] 과업   a small sense of pride 작은 자부심   turn into ~ ~이 되다

DAY 16

윌리엄
맥레이븐

MAKE
YOUR BED
EVERY
MORNING

해커스톡 영어회화 10분의 기적 유명인처럼 말하기

¹당신이 매일 아침 당신의 이부자리를 정리한다면,

²당신은 그날의 첫 번째 과업을 완수하게 될 것입니다.

³이것은 당신에게 작은 자부심을 줄 것이고

⁴당신이 또 다른 과업을 하도록 용기를 북돋아 줄 것입니다,

⁵또 다른 것, 또 다른 것도요.

⁶그리고, 하루를 마칠 무렵에, 완수된 하나의 과업은

⁷완수된 많은 과업이 되어 있을 것입니다.

맥레이븐이 사용한 표현을
생활 속 대화에서 그대로 써봅시다.

◀ 음성과 함께 표현 연습하기

주목할만한 표현 1

If you **make** your **bed** every morning, you will have accomplished the first task of the day.

당신이 매일 아침 당신의 <u>이부자리를 정리한다</u>면, 당신은 그날의 첫 번째 과업을 완수하게 될 것입니다.

이부자리를 정리한다고 말하고 싶을 때, **make ~ bed**라는 표현을 사용해서 말할 수 있습니다. 이때, make 와 bed 사이에는 my, his, her 등 여러 다른 사람을 넣어서 말할 수 있습니다. **아래 대화처럼 make ~ bed 을 생활 속에서 그대로 써봅시다.**

What do you usually do in the morning?

넌 아침에 보통 뭘 하니?

When I get up in the morning, I usually **make** my **bed** first.

아침에 일어나면, 나는 보통 제일 먼저 이부자리를 정리해.

DAY 16

윌리엄
맥레이븐

MAKE
YOUR BED
EVERY
MORNING

해카스톡 영어회화 10분의 기적 우영인처럼 말하기

And **by the end of** the day, that one task completed will have turned
into many tasks completed.

그리고 하루를 **마칠 무렵에**, 완수한 하나의 과업은 완수한 많은 과업이 되어 있을 것입니다.

"~을 마칠 무렵에"라고 말하고 싶을 때, **by the end of ~**라는 표현을 사용해서 말할 수 있습니다. 이때, by
는 '~ 무렵, ~까지'라는 의미이고, of 뒤에는 the day, the year 등 여러 다른 단어를 넣어서 말할 수 있습니다.
아래 대화처럼 **by the end of ~**을 생활 속에서 그대로 써봅시다.

I always feel tired **by the end of** the day.

하루를 **마칠 무렵에** 난 항상 피곤함을 느껴.

Why don't you take some vitamins? They help
a lot.

비타민을 좀 먹는 것은 어때? 그것들은 도움이 많이 돼.

DAY 17

페기 윗슨처럼
말해보기

READY
TO
COME
HOME

Peggy Whitson
출생: 1960.02.09
직업: 전 우주비행사
특이사항: 2018년 타임지 가장
영향력 있는 100인 선정

페기 윗슨(Peggy Whitson)은 우주 비행의 역사에서 많은 기록을 깬 전 미국 우주 비행사입니다. 그녀는 나사(NASA) 역사상 첫 여성 수석 우주 비행사이며, 국제우주정거장의 선장 임무 역시 여성 최초로 수행했습니다. 또한, 그녀는 우주에서 665일을 체류하며 우주에서 가장 오랫동안 체류한 미국 우주인이 되었습니다. 2018년에 은퇴한 그녀의 도전과 열정은 우주 비행의 발전에 크게 기여했습니다.

그녀는 한 인터뷰에서 지구로 돌아온 뒤 우주 정거장이 그립기도 하냐는 질문에 답합니다. 이 인터뷰에서 그녀는 우주 정거장에 충분히 긴 시간 동안 있었기 때문에 집에 돌아올 준비가 되었다고 생각했다고 답변합니다. 친근하면서도 시원시원한 말투가 돋보이는 그녀의 이야기를 들어보세요.

 먼저 페기 윗슨의 인터뷰 영상을 보세요. 아래 어휘·표현 미리 보기를 참고하되, 내용을 완벽하게 이해하지 못해도 좋습니다.

◀ 영상 보기

🔍 어휘·표현 미리 보기

parts of ~ ~의 부분들
toilet [tɔ́ilit] 화장실
I was ready to ~ ~할 준비가 됐었다
It's nice to ~ ~하는 것은 멋지다

come home 집에 가다
flush [flʌʃ] 변기의 물을 내리다

STEP 1

페기 윗슨의 말
한 문장씩
짚어가며 들어보기

STEP 2

한 문장씩
음성을 따라
말하기

STEP 3
우리말만 보고
페기 윗슨처럼
말해보기

 ◀ 음성과 함께 STEP별로 따라 하기

¹ There're parts of it that I really miss,

² but I'd been there long enough,

³ I think that

주목할만한
표현 1

⁴ I was ready to come home,

⁵ especially to the toilet.

주목할만한
표현 2

⁶ It's nice to be able to flush.

parts of ~ ~의 부분들   come home 집에 가다   toilet [tɔ́ilit] 화장실   flush [flʌʃ] 변기의 물을 내리다

[1] 그것에는 내가 정말 그리워하는 부분들이 있습니다,

> 여기서 '그것(it)'은 '우주 정거장'을 가리키며, 페기 윗슨은 우주에 화장실이 없는 것을 가지고 농담했습니다.

[2] 하지만 저는 그곳에 충분히 길게 있었어요,

[3] 제 생각에

[4] 저는 집에 갈 준비가 됐었어요,

[5] 특히 화장실에 말이에요.

[6] 변기의 물을 내릴 수 있는 것은 멋지죠.

페기 윗슨이 사용한 표현을

생활 속 대화에서 그대로 써봅시다.

◀ 음성과 함께 표현 연습하기

I think that **I was ready to** come home.

제 생각에 저는 집에 갈 **준비가 됐었**어요.

어떤 행동을 할 준비가 됐었다고 말하고 싶을 때, **I was ready to ~**라는 표현을 사용해서 말할 수 있습니다.
to 뒤에는 sleep, start 등 행동을 나타내는 여러 다른 말을 넣어서 말할 수 있습니다. 아래 대화처럼 **I was
ready to ~**을 생활 속에서 그대로 써봅시다.

I heard a mosquito when **I was ready to** sleep.

내가 잘 잘 **준비가 됐었**을 때 모기 소리를 들었어.

Eww, that sounds super annoying!

윽, 그건 진짜 성가시게 들린다!

DAY 17

페기
윗슨

READY
TO
COME
HOME

해커스톡 영어회화 10분의 기적 귀영인처럼 말하기

주목할만한
표현 2

It's nice to be able to flush.

변기의 물을 내릴 수 있는 <u>것은 멋지죠</u>.

어떤 행동을 하는 것이 멋지다고 말하고 싶을 때, **It's nice to ~**라는 표현을 사용해서 말할 수 있습니다. to 뒤
에는 dress up, run 등 여러 다른 행동을 넣어서 말할 수 있습니다. 아래 대화처럼 **It's nice to ~**을 생활 속
에서 그대로 써봅시다.

Do you like wearing a tuxedo?

너는 턱시도 입는 것을 좋아하니?

Yes. **It's nice to** dress up sometimes.

응. 가끔씩 차려입는 것은 멋져.

* dress up 차려입다

DAY 18

하워드 슐츠처럼
말해보기

A
FUN THING
AT
STARBUCKS

Howard Schultz
출생: 1953.07.19
직업: 스타벅스 명예회장
특이사항: 2011년 포춘지
올해의 기업인 선정

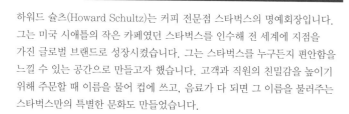

하워드 슐츠(Howard Schultz)는 커피 전문점 스타벅스의 명예회장입니다. 그는 미국 시애틀의 작은 카페였던 스타벅스를 인수해 전 세계에 지점을 가진 글로벌 브랜드로 성장시켰습니다. 그는 스타벅스를 누구든지 편안함을 느낄 수 있는 공간으로 만들고자 했습니다. 고객과 직원의 친밀감을 높이기 위해 주문할 때 이름을 물어 컵에 쓰고, 음료가 다 되면 그 이름을 불러주는 스타벅스만의 특별한 문화도 만들었습니다.

그는 한 인터뷰에서 직원들이 고객의 이름을 컵에 잘못 써주는 경우가 종종 있다고 말합니다. 이 인터뷰에서 그는 이제는 오히려 고객들이 가명을 일명 '스타벅스 이름'으로 일부러 사용하는 재미있는 현상이 일어났다고 이야기합니다. 중후하면서도 재치 있는 말투가 돋보이는 그의 이야기를 들어보세요.

먼저 슐츠의 인터뷰 영상을 보세요. 아래 어휘·표현 미리 보기를 참고하되, 내용을 완벽하게 이해하지 못해도 좋습니다.

◀ 영상 보기

Q 어휘·표현 미리 보기

quite[kwait] 아주, 정말   **right**[rait] 정확히
wrong[rɔːŋ] 틀린
not on purpose 고의는 아닌
It's become ~ 이것은 ~이 되었다

STEP 1

슐츠의 말
한 문장씩
짚어가며 들어보기

STEP 2

한 문장씩
음성을 따라
말하기

STEP 3

우리말만 보고
슐츠처럼
말해보기

◀ 음성과 함께 STEP별로 따라 하기

¹ We ask our customers what their name is.

² We put it on their drink.

³ Maybe our people don't hear the name quite right.

주목할만한
표현 1

⁴ And we might write the wrong name, **not on purpose**.

⁵ And many times people come in,

⁶ and they want to give us a name that's not their name.

주목할만한
표현 2

⁷ **It's become a fun thing** at *Starbucks*.

quite[kwait] 아주, 정말   right[rait] 정확히   wrong[rɔːŋ] 틀린   on purpose 고의로

[1] 우리는 고객들에게 그들의 이름이 무엇인지 물어봅니다.

[2] 우리는 그것을 그들의 음료에 적죠.

[3] 어쩌면 우리 직원들이 그 이름을 아주 정확히는 듣지 못할 수도 있어요.

[4] 그리고 우리가 틀린 이름을 적을 수도 있어요, 고의는 아니고요.

[5] 그리고 많은 경우에 사람들이 들어와서는,

예를 들어, 이름이 Tom인 사람이
스타벅스에서 주문할 때 Batman이라는
가명을 쓰는 경우입니다.

[6] (그리고 그들은) 그들의 이름이 아닌 이름을 우리에게 주기를 원해요.

[7] 이것은 스타벅스에서 재미있는 일이 되었죠.

슐츠가 사용한 표현을
생활 속 대화에서 그대로 써봅시다.

◀ 음성과 함께 표현 연습하기

And we might write the wrong name, **not on purpose**.

그리고 우리가 틀린 이름을 적을 수도 있어요, <u>고의는 아니고요</u>.

어떤 행동에 대해 고의는 아니었다고 말하고 싶을 때, **not on purpose**라는 표현을 사용해서 말할 수 있습니다. 이때, on purpose는 '고의로'라는 의미입니다. 아래 대화처럼 **not on purpose**를 생활 속에서 그대로 써봅시다.

> Jack always forgets my name. I'm not happy about it.
> Jack은 항상 내 이름을 까먹어. 난 그것에 대해 기쁘지는 않아.

> Don't worry. I'm sure it's **not on purpose**.
> 걱정하지 마. 나는 그것이 **고의는 아닐** 거라고 확신해.

주목할만한
표현 2

It's become a fun thing at *Starbucks*.

<u>이것은</u> 스타벅스에서 재미있는 일<u>이 되었죠</u>.

"이것은 ~이 되었다"라고 말하고 싶을 때, **It's become ~**이라는 표현을 사용해서 말할 수 있습니다. 이때, It's 는 일상적인 대화에서 It has를 간단하게 줄여 말한 것으로, It's become은 '(시간이 흐르면서) 이제는 ~이 되었다'라는 의미를 나타냅니다. 아래 대화처럼 **It's become ~**을 생활 속에서 그대로 써봅시다.

I can't believe you can run marathons. That's so cool!

네가 마라톤을 뛸 수 있다는 것이 안 믿겨. 정말 멋있다!

At first, it was really hard, but **it's become** a hobby for me.

처음에는, 이것은 정말 힘들었지만, **이것은** 나에게 취미<u>가 되었어</u>.

DAY 19

스티브 잡스처럼
말해보기

Steve Jobs
출생–사망: 1955.02.24–
2011.10.05
직업: 애플 창업자
닉네임: 21세기 혁신의 아이콘

스티브 잡스(Steve Jobs)는 애플의 창업자입니다. 그는 아이폰, 아이패드 등 애플만이 만들어낼 수 있는 독창적인 제품들을 선보이며 IT 업계를 선도했습니다. 자신이 설립한 회사인 애플에서 쫓겨났다가 CEO로 복귀하는 등 인생의 굴곡이 있었지만, 췌장암으로 유명을 달리하기 직전까지 그가 자기 일에 열정적일 수 있었던 이유는 누구보다도 그 일을 사랑했기 때문이었습니다.

그는 스탠포드 대학교 졸업식에 연사로 나서 애플에서 해고된 후 절망 속에서 다시 일어설 수 있었던 계기에 대해 말합니다. **이 연설에서 그는 스스로 사랑하는 일을 계속해서 찾으라고 조언합니다.** 힘 있는 어조와 명쾌한 발음이 돋보이는 그의 이야기를 들어보세요.

 잡스의 연설 영상을 보세요. 아래 어휘·표현 미리 보기를 참고하되, 내용을 완벽하게 이해하지 못해도 좋습니다.

◀ 영상 보기

Q 어휘·표현 미리 보기

find[faind] 발견하다 **matter**[mǽtər] 일, 문제
heart[hɑːrt] 마음
the only way to ~ ~ 하기 위한 유일한 방법
Keep looking, and don't settle. 계속 찾아라, 그리고 안주하지 마라.

STEP 1

잡스의 말
한 문장씩
짚어가며 들어보기

STEP 2

한 문장씩
음성을 따라
말하기

STEP 3
우리말만 보고
잡스처럼
말해보기

◀ 음성과 함께 STEP별로 따라 하기

주목할만한
표현 1
¹**The only way to do great work** is

²to love what you do.

³If you haven't found it yet,

주목할만한
표현 2
⁴**keep looking,**

⁵**and don't settle.**

⁶As with all matters of the heart,

⁷you'll know when you find it.

find[faind] 발견하다   settle[setl] 안주하다   matter[mǽtər] 일, 문제   heart[hɑːrt] 마음

DAY 19

스티브
잡스

KEEP
LOOKING,
DON'T
SETTLE

팟캐스트 영어회화 10분의 기적 유명인처럼 말하기

¹ 위대한 일을 하기 위한 유일한 방법은

² 당신이 하는 일을 사랑하는 것입니다.

³ 당신이 그것을 아직 발견하지 못했다면,

여기서 '그것(it)'은
'당신이 사랑하는 일'을 가리킵니다.

⁴ 계속 찾으세요,

⁵ 그리고 안주하지 마세요.

⁶ 마음에 대한 모든 일들이 그렇듯,

⁷ 그것을 발견했을 때 당신은 알게 될 것입니다.

잡스가 사용한 표현을
생활 속 대화에서 그대로 써봅시다.

◀ 음성과 함께 표현 연습하기

The only way to do great work is to love what you do.
위대한 일을 <u>하기 위한 유일한 방법</u>은 당신이 하는 일을 사랑하는 것입니다.

어떤 일을 하기 위한 유일한 방법이라고 말하고 싶을 때, **the only way to ~**라는 표현을 사용해서 말할 수 있습니다. 이때, to 뒤에는 win the game, learn a language 등 여러 다른 일을 넣어서 말할 수 있습니다. 아래 대화처럼 **the only way to ~**을 생활 속에서 그대로 써봅시다.

How can I make more friends?
어떻게 하면 내가 더 많은 친구들을 사귈 수 있을까?

The only way to do it is by meeting more people. Join some social clubs!
그것을 **하기 위한 유일한 방법**은 더 많은 사람들을 만나는 거야. 사교 모임에 가입해봐!

해커스톡 영어회화 10분의 기적 유명인처럼 말하기

DAY 19

스티브
잡스

KEEP
LOOKING,
DON'T
SETTLE

주목할만한
표현 2

If you haven't found it yet, **keep looking, and don't settle.**

당신이 그것을 아직 발견하지 못했다면, <u>**계속 찾으세요, 그리고 안주하지 마세요.**</u>

안주하지 말고 계속하라고 말하고 싶을 때, **Keep looking, and don't settle**이라고 말할 수 있습니다. 이 때, keep -ing는 '계속 -하다'라는 의미입니다. 아래 대화처럼 **Keep looking, and don't settle**을 생활 속에서 그대로 써봅시다.

I'm not happy at my job these days.

나는 요즘 내 직업에 대해 행복하지 않아.

Well, you'll find the right job someday.
Keep looking, and don't settle.

음, 너는 언젠가 맞는 직업을 발견하게 될 거야. **계속 찾아, 그리고 안주하지 마.**

DAY 20

재닛 옐런처럼
말해보기

I
DIDN'T
KNOW
A LOT

Janet Yellen
출생: 1946.08.13
직업: 제15대 미국 연방준비제도이사회 의장
특이사항: 2014 포브스지 선정
가장 파워풀한 여성 2위

재닛 옐런(Janet Yellen)은 미국 달러화를 관장하는 정부 재무 기관인 연방준비제도이사회 전 의장이자 경제학자입니다. 그녀는 보수적인 경제계에서 여성 최초로 연방준비제도의 의장이 된 인물입니다. 어린 시절 수학을 좋아하던 그녀는 대학에 가서 경제학 수업을 듣게 된 뒤 경제학의 매력에 빠졌습니다. 특히, 경제학이 수학적 논리에 기반해 사회의 질서를 잡는 학문이면서도, 윤리적인 책임감을 가진 학문임에 감탄했습니다. 국민들을 잘살게 하는 경제 정책에 관심이 있던 그녀는 연방준비제도 의장에 재임한 4년 동안 실업률을 17년 만에 최저치로 끌어내리면서 높은 평가를 받았습니다.

그녀는 한 좌담회에서 대학에서 경제학 수업을 처음 들었을 때 첫눈에 반해버렸다고 말합니다. **이 좌담회에서 그녀는 대학에 가기 전에는 오히려 수학에 흥미가 있었다고 이야기합니다.** 차근차근한 어조와 침착한 말투가 돋보이는 그녀의 이야기를 들어보세요.

먼저 옐런의 좌담회 영상을 보세요. 아래 어휘·표현 미리 보기를 참고하되, 내용을 완벽하게 이해하지 못해도 좋습니다.

◀ 영상 보기

Q 어휘·표현 미리 보기

economics [ìːkənámiks] 경제학   **write down** 적어두다
likely [láikli] 가능성 있는
I didn't know a lot about ~ 나는 ~에 관한 많은 것을 알지 못했다
I suppose 내 생각에는

STEP 1

옐런의 말
한 문장씩
짚어가며 들어보기

STEP 2

한 문장씩
음성을 따라
말하기

STEP 3

우리말만 보고
옐런처럼
말해보기

 ◀ 음성과 함께 STEP별로 따라 하기

주목할만한
표현 1

¹ I guess **I didn't really know**

² **a lot about economics**

³ before college.

⁴ I was very interested in math and enjoyed it.

주목할만한
표현 2

⁵ And **I suppose** when I went to college,

⁶ I would have written down that

⁷ I thought math was my likely major.

economics [ìːkənámiks] 경제학   write down 적어두다   likely [láikli] 가능성 있는

¹제 생각에 저는 진정으로 알지 못했습니다

²경제학에 관한 많은 것을요

³대학 이전에는요.

수학을 좋아했던 옐런은 대학
진학 후에 경제학에 흥미를 느꼈다고
이야기합니다.

⁴저는 수학에 아주 흥미가 있었고 그걸 즐겼죠.

⁵그래서 제 생각에는 제가 대학에 갔을 때,

⁶아마 이렇게 적어뒀었을 거예요

⁷수학이 나의 가장 가능성 있는 전공이라고 생각한다고요.

옐런이 사용한 표현을
생활 속 대화에서 그대로 써봅시다.

◀ 음성과 함께 표현 연습하기

I guess I didn't really **know a lot about** economics before college.

제 생각에 대학 이전에는 <u>저는</u> 경제학<u>에 관한 많은 것을</u> 진정으로 <u>알지 못했습니다</u>.

어떤 것에 관해 많이 알지 못했다고 말하고 싶을 때, **I didn't know a lot about ~**이라는 표현을 사용해서 말할 수 있습니다. 이때, about 뒤에는 Japan, history 등 여러 다른 말을 넣어서 말할 수 있습니다. 아래 대화처럼 **I didn't know a lot about ~**을 생활 속에서 그대로 써봅시다.

I didn't know a lot about Japan before I moved here.

여기로 이사하기 전에는 <u>나는 일본에 관해 많이 알지 못했어</u>.

You seem to know a lot now.

지금은 네가 많이 아는 것 같아 보여.

And **I suppose** when I went to college, I would have written down that I thought math was my likely major.

그래서 **제 생각에는** 제가 대학에 갔을 때, 아마 수학이 나의 가장 가능성 있는 전공이라고 생각한다고 적어 뒀었을 거예요.

무언가에 대해 추측해서 내 생각을 말할 때, **I suppose**라는 표현을 사용해서 말할 수 있습니다. 이때, suppose는 '추측하다, 추정하다'라는 의미입니다. 아래 대화처럼 **I suppose**를 생활 속에서 그대로 써봅 시다.

Should I invite John to the party?

내가 John을 파티에 초대해야 할까?

I suppose so. Why don't you text him now?

내 생각에는 그래야 할 것 같아. 지금 그에게 문자보내는 게 어때?

DAY 21

워렌 버핏처럼
말해보기

DECISIONS
THEY
GOT TO
MAKE

Warren Buffett
출생: 1930.08.30
직업: 버크셔해서웨이 CEO
특이사항: 2022년 포브스지 선정
억만장자 5위

워렌 버핏(Warren Buffett)은 이 시대 가장 성공적인 투자자로 알려진 기업인입니다. 수년간 세계 억만장자 순위에 이름을 올려 온 그는 기업에 대해 철저히 파악하고 난 뒤에 투자를 결정하는 방식을 고수하는 것으로 유명합니다. 부자가 된 지금도 성공을 운에 맡기지 않고 기업의 현재와 미래의 가치를 다각적으로 분석하여 신중하게 투자하는 원칙을 가지고 있습니다.

그는 대학생과 함께하는 좌담회에서 유망한 모든 종목에 투자하려고 할 필요는 없다고 조언합니다. **이 좌담회에서 그는 학생들에게 평생 딱 스무 개의 투자만 신중하게 결정한다면 부자가 될 것이라고 말합니다.** 옆집 할아버지 같은 친근한 목소리와 독특한 말투가 돋보이는 그의 이야기를 들어보세요.

 먼저 버핏의 좌담회 영상을 보세요. 아래 어휘·표현 미리 보기를 참고하되, 내용을 완벽하게 이해하지 못해도 좋습니다.

◀ 영상 보기

🔍 어휘·표현 미리 보기

get out of school 학교를 졸업하다
decision [disíʒən] 결정
got to ~ ~해야 한다
get rich 부유해지다

punch card 펀치카드(구멍을 뚫어 쓰는 종이)
entire life 평생

STEP 1

버핏의 말
한 문장씩
짚어가며 들어보기

STEP 2

한 문장씩
음성을 따라
말하기

STEP 3
우리말만 보고
버핏처럼
말해보기

◀ 음성과 함께 STEP별로 따라 하기

1 In fact, I've told students

2 if when they got out of school,

3 they got a punch card with 20 punches on it,

4 and that's all the investment decisions

주목할만한
표현 1

5 they **got to make** in their entire life,

주목할만한
표현 2

6 they would **get very rich**

7 because they would think very hard about each one.

get out of school 학교를 졸업하다 punch[pʌntʃ] 구멍 decision[disíʒən] 결정 entire life 평생

¹ 사실, 저는 학생들에게 이야기하곤 합니다

² 만약 그들이 학교를 졸업했을 때,

³ 그들이 20개의 구멍을 뚫을 수 있는 펀치카드를 갖게 된다면,

⁴ 그리고 그것이 모든 투자 결정이라면요

⁵ 그들이 평생 해야 하는 말이죠,

> 여기서 '그들이 평생 해야 하는'은
> 앞서 언급했던 '모든 투자 결정'을
> 꾸며주는 말입니다.

⁶ 그들은 매우 부유해질 것이라고요

⁷ 왜냐하면 그들은 각각에 대해 매우 열심히 생각할 테니까요.

버핏이 사용한 표현을
생활 속 대화에서 그대로 써봅시다.

◀ 음성과 함께 표현 연습하기

주목할만한
표현 1

And that's all the investment decisions they **got to** make in their entire life.

그리고 그것이 그들이 평생 <u>**해야 하는**</u> 모든 투자 결정입니다.

어떤 일을 해야 한다고 말하고 싶을 때, **got to ~**라는 표현을 사용해서 말할 수 있습니다. 이때, got to는 일상적인 대화에서 have got to를 간단히 줄여 말한 것으로, '~해야 한다'라는 의미를 나타냅니다. **아래 대화처럼 got to ~를 생활 속에서 그대로 써봅시다.**

I want to stay healthy. I **got to** work out every day.

나는 계속 건강하게 지내고 싶어. 나는 매일 운동**해야 해.**

* work out 운동하다

Let's do it together.

우리 함께 하자.

DAY 21

워렌
버핏

DECISIONS
THEY
GOT TO
MAKE

해커스톡 영어회화 10분의 기적 유명인처럼 말하기

주목할만한
표현 2

They would get very rich.

그들은 매우 **부유해질** 것입니다.

부유해진다고 말하고 싶을 때, **get rich**라고 말할 수 있습니다. 이때, get은 형용사와 함께 쓰여 '(어떤 상태가) 되다'라는 의미를 나타냅니다. 아래 대화처럼 **get rich**를 생활 속에서 그대로 써봅시다.

If I **get rich** someday, I'm going to buy a beautiful house on the beach.

언젠가 내가 **부유해진**다면, 나는 해변에 아름다운 집을 살 거야.

That would be awesome!

그건 멋지겠다!

DAY 22

테레사 메이처럼
말해보기

THE
CHANCE
TO GO

Theresa May

출생: 1956.10.01
직업: 제76대 영국 총리
특이사항: 2017 포브스지 선정
가장 파워풀한 여성 2위

테레사 메이(Theresa May)는 영국의 제76대 총리입니다. 그녀는 마거릿 대처 이후 영국에서 26년 만에 탄생한 여성 총리입니다. '현실적인 보수주의자'로도 불리는 그녀는 영국 역사상 최장 기간인 6년여 동안 내무부 장관직을 지내면서 경찰 예산을 대폭 삭감하면서도 범죄 발생률을 감소시키는 등 리더십과 행정 능력을 인정받았습니다. 그녀는 영국의 과학, IT 분야 등 4차 산업 혁명에 과감하게 투자하기도 하며 '더 나은 영국'을 만들기 위해 뛰고 있습니다.

그녀는 총선에 앞서 자신의 소속인 보수당에 대한 지지를 호소하는 연설에서 개인의 능력으로 인정받는 사회를 만들겠다는 의지를 밝힙니다. **이 연설에서 그녀는 배경에 관계 없이 재능과 성실함이 있다면 성공할 수 있는 영국을 만들겠다고 이야기합니다.** 굳은 의지를 드러내는 듯 강한 어조가 돋보이는 그녀의 이야기를 들어보세요.

먼저 메이의 연설 영상을 보세요. 아래 어휘·표현 미리 보기를 참고하되, 내용을 완벽하게 이해하지 못해도 좋습니다.

◀ 영상 보기

🔍 어휘·표현 미리 보기

background[bǽkgraund] 배경
talent[tǽlənt] 재능
let me be clear about ~ ~에 대해서 명확히 하겠다
chance to ~ ~할 기회

as far as ~ 만큼
hard work 노고

STEP 1
메이의 말
한 문장씩
짚어가며 들어보기

STEP 2
한 문장씩
음성을 따라
말하기

STEP 3
우리말만 보고
메이처럼
말해보기

 음성과 함께 STEP별로 따라 하기

주목할만한
표현 1

¹**Let me be clear**

²**about** what that means.

³It means making Britain a country

⁴where everyone, of whatever background,

주목할만한
표현 2

⁵has the **chance to** go

⁶as far as their talent and their hard work will take them.

background[bǽkgraund] 배경 as far as ~ 만큼 talent[tǽlənt] 재능 hard work 노고

DAY 22

테레사
메이

THE
CHANCE
TO GO

해커스톡 영어회화 10분의 기적 유명인처럼 말하기

¹명확히 하겠습니다

²그것이 의미하는 것이 무엇인지에 대해서요.

> 여기서 '그것(that)'은 앞서 메이가 능력 위주의 사회를 만들겠다고 한 것을 가리킵니다.

³그것은 영국을 국가로 만드는 것을 의미합니다

⁴그곳은 모든 사람이, 어떤 배경이든지,

⁵나아갈 기회를 가집니다

⁶그들의 재능과 노고가 그들을 이끄는 만큼이요.

메이가 사용한 표현을
생활 속 대화에서 그대로 써봅시다.

◀ 음성과 함께 표현 연습하기

Let me be clear about what that means.
그것이 의미하는 것이 무엇인지에 대해서 명확히 하겠습니다.

무언가에 대해서 명확히 하고 싶을 때, **Let me be clear about ~**라는 표현을 사용해서 말할 수 있습니다. 이때, about 뒤에는 the project, the accident 등 여러 다른 일을 넣어서 말할 수 있습니다. **아래 대화처럼 Let me be clear about ~**을 생활 속에서 그대로 써봅시다.

Let me be clear about this project. It's a priority.
이 프로젝트에 대해서 명확히 할게. 이것은 우선 사항이야.

* priority 우선 사항

OK, I'll finish it first.
알겠어. 이것부터 끝낼게.

DAY 22

테레사
메이

THE
CHANCE
TO GO

해커스톡 영화영화 10분의 기적 구원어처럼 말하기

주목할만한
표현 2

— has the **chance to** go as far as their talent and their hard work will take them.
— 그들의 재능과 노고가 그들을 이끄는 만큼 나아**갈 기회**를 가집니다.

어떤 일을 할 기회라고 말하고 싶을 때, **chance to ~**라는 표현을 사용해서 말할 수 있습니다. 이때, to 뒤에는 vote, swim 등 여러 다른 행동을 넣어서 말할 수 있습니다. 아래 대화처럼 **chance to ~**를 생활 속에서 그대로 써봅시다.

Don't miss your **chance to** vote tomorrow.
내일 너의 투표할 기회를 놓치지 마.

OK, I won't miss it.
알겠어, 놓치지 않을게.

DAY 23

빌 게이츠처럼
말해보기

biguation).

1955) is an A
puter progr ounder
eputation a llen.
mpany, w ian, CEO
positions
largest
uthored uthored

___

list of ANKING
1995 t uuing u
9 and 201
$82 bill on.
n, or aroun $ 2013
ore

urs of the personal co
s business tactics, which

Bill Gates

Bill Gates
출생: 1955.10.28
직업: 마이크로소프트 창업자, 자선사업가
특이사항: 포브스지 선정 억만장자
18년 연속 1위

Gates in July 2014

William Henry Gates

October 28, 1955 (a

빌 게이츠(Bill Gates)는 '세계 최고 부자'라는 타이틀을 18년 동안이나 차지했던 마이크로소프트의 창업자입니다. 개인 컴퓨터의 시대를 이끌었던 그는 이제 경영 일선에서 물러나 자선사업가로 활동하고 있습니다. 그는 멜린다 게이츠와 함께 세운 비영리 재단을 통해 엄청난 재산을 다양한 자선 사업에 투자합니다. 특히 그는 개발도상국 사람들이 은행 서비스를 쉽게 이용할 수 있도록 모바일 금융 서비스를 발전시키는 데에도 힘쓰고 있습니다.

그는 한 인터뷰에서 모바일 금융 서비스 보급의 중요성에 대해 말합니다. **이 인터뷰에서 그는 빈곤층이 금융 서비스를 이용할 수 있게 되면 대출을 통해 작은 사업을 시작할 수 있게 된다고 이야기합니다.** 차분한 어조와 자연스러운 말투가 돋보이는 그의 이야기를 들어보세요.

먼저 빌 게이츠의 인터뷰 영상을 보세요. 아래 어휘·표현 미리 보기를 참고하되, 내용을 완벽하게 이해하지 못해도 좋습니다.
◀ 영상 보기

🔍 어휘·표현 미리 보기

the poorest 최빈층의 사람들
loan [loun] 대출
take ~ for granted ~을 당연하게 여기다
don't have any ~ ~이 전혀 없다

banking service 금융 서비스
start business 사업을 시작하다, 창업하다

STEP 1

빌 게이츠의 말
한 문장씩
짚어가며 들어보기

STEP 2

한 문장씩
음성을 따라
말하기

STEP 3

우리말만 보고
빌 게이츠처럼
말해보기

 ◀ 음성과 함께 STEP별로 따라 하기

¹ Banking is

주목할만한
표현 1

² something that most of us take for granted.

³ But, for the poorest,

주목할만한
표현 2

⁴ they **don't have any banking services.**

⁵ Even in the few cases

⁶ where loans have been made available,

⁷ they've been able to start small businesses.

take ~ for granted ~을 당연하게 여기다   the poorest 최빈층의 사람들   banking service 금융 서비스
loan [loun] 대출   start business 사업을 시작하다, 창업하다

¹금융은

²우리가 당연하게 여기는 것입니다.

³하지만, 최빈층의 사람들은,

⁴그들은 금융 서비스가 전혀 없습니다.

⁵몇 안 되는 사례에서조차

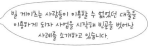

빌 게이츠는 사람들이 이용할 수 없었던 대출을
이용하게 되자 사업을 시작해 빈곤을 벗어난
사례를 소개하고 있습니다.

⁶대출을 이용할 수 있게 되었던 곳에서,

⁷그들은 작은 사업을 시작할 수 있었습니다.

빌 게이츠가 사용한 표현을
생활 속 대화에서 그대로 써봅시다.

◀ 음성과 함께 표현 연습하기

Banking is something that most of us **take for granted**.

금융은 우리가 **당연하게 여기는** 것입니다.

어떤 것을 당연하게 여긴다고 말하고 싶을 때, **take ~ for granted**라는 표현을 사용해서 말할 수 있습니다. 이때, take 뒤에는 our health, trust 등 여러 다른 대상을 넣어서 말할 수 있습니다. 아래 대화처럼 **take ~ for granted**를 생활 속에서 그대로 써봅시다.

Sometimes Paul **takes** money **for granted**.

때때로 폴은 돈을 당연하게 여겨.

That's because he is rich.

그건 그가 부자이기 때문이야.

주목할만한
표현 2

But, for the poorest, they **don't have any** banking services.

하지만, 최빈층의 사람들은, 그들은 금융 서비스<u>가 전혀 없습니다.</u>

어떤 것을 전혀 가지고 있지 않다고 말하고 싶을 때, **don't have any ~**라는 표현을 사용해서 말할 수 있습니다. 이때, any 뒤에는 time, money 등 여러 다른 단어를 넣어서 말할 수 있습니다. 아래 대화처럼 **don't have any ~**를 생활 속에서 그대로 써봅시다.

Would you like to watch a baseball game tomorrow?

너 내일 야구 보고 싶니?

I'm sorry. I **don't have any** spare time.

미안해. 나는 여유 시간이 전혀 없어.

* spare time 여유 시간

DAY 24

앨 고어처럼
말해보기

STARTING
WITH
A DECISION

Al Gore
출생: 1948.03.31
직업: 제45대 미국 부통령, 환경 운동가
특이사항: 2007년 노벨 평화상 수상

앨 고어(Al Gore)는 미국의 제45대 부통령이었던 인물로, 이제 정치인이라기보다는 환경 운동가로서 대중에게 더 잘 알려져 있습니다. 그는 부통령으로 재임하던 때부터 기후 변화에 대한 교토 의정서 창설을 주도하는 등 환경 보호 정책에 꾸준히 목소리를 높였습니다. 퇴임한 뒤에는 환경 오염과 지구 온난화의 위험성을 알리기 위해 세계 각지를 순회하며 1,000회 이상 강연했습니다. 이와 같은 노력을 인정받아 그는 2007년 노벨 평화상을 수상하기도 했습니다.

그는 메릴랜드 대학교 졸업식에 연사로 나서 우리의 미래에 정말 중요한 것이 무엇인지 판단하라고 말합니다. **이 연설에서 그는 지구 온난화 오염을 줄이기 위해 결심이 필요하다고 말합니다.** 논리정연하면서도 단호한 어조가 돋보이는 그의 이야기를 들어보세요.

먼저 앨 고어의 연설 영상을 보세요. 아래 어휘·표현 미리 보기를 참고하되, 내용을 완벽하게 이해하지 못해도 좋습니다.

◀ 영상 보기

Q 어휘·표현 미리 보기

reclaim[rikléim] 되찾다
global warming 지구 온난화
what really matters 정말 중요한 것
starting with ~ ~부터 시작해서

reduce[ridjúːs] 줄이다
pollution[pəlúːʃən] 오염

STEP 1

앨 고어의 말
한 문장씩
짚어가며 들어보기

STEP 2

한 문장씩
음성을 따라
말하기

STEP 3
우리말만 보고
앨 고어처럼
말해보기

◀ 음성과 함께 STEP별로 따라 하기

¹ We have to reclaim

² our own destiny

주목할만한
표현 1

³ by measuring **what really matters**

⁴ to our future,

주목할만한
표현 2

⁵ **starting with a decision**

⁶ to reduce the global warming pollution.

reclaim [rikléim] 되찾다   reduce [ridjú:s] 줄이다   global warming 지구 온난화   pollution [pəlú:ʃən] 오염

¹ 우리는 되찾아야 합니다

² 우리 자신의 운명을요

³ 정말 중요한 것이 무엇인지를 판단함으로써요

⁴ 우리의 미래에요,

⁵ 하나의 결심으로부터 시작해서요

⁶ 지구 온난화 오염을 줄이기 위한 것 말입니다.

앨 고어가 사용한 표현을
생활 속 대화에서 그대로 써봅시다.

◀ 음성과 함께 표현 연습하기

주목할만한 표현 1

We have to reclaim our own destiny by measuring **what really matters** to our future.
우리는 우리의 미래에 <u>정말 중요한 것</u>이 무엇인지를 판단함으로써 우리 자신의 운명을 되찾아야 합니다.

"정말 중요한 것"이라고 말하고 싶을 때, **what really matters**라는 표현을 사용해서 말할 수 있습니다. 이 때, matter는 '중요하다'라는 의미입니다. 아래 대화처럼 **what really matters**를 생활 속에서 그대로 써 봅시다.

Happiness is **what really matters** to me.
행복은 나에게 정말 중요한 것이야.

It's important for me as well.
그건 나에게도 역시 중요해.

* as well 역시, 또한

주목할만한
표현 2

—, **starting with** a decision to reduce the global warming pollution

—, 지구 온난화 오염을 줄이기 위한 하나의 결심으로<u>**부터 시작해서요**</u>

일을 할 순서에 대해 "~부터 시작해서"라고 말하고 싶을 때, **starting with ~**라는 표현을 사용해서 말할 수 있습니다. 이때, with 뒤에는 the kitchen, things 등의 여러 다른 일을 시작할 대상을 넣어서 말할 수 있습니다. 아래 대화처럼 **starting with ~**을 생활 속에서 그대로 써봅시다.

Let's clean the house, **starting with** the kitchen.

부엌**부터 시작해서** 집을 청소하자.

OK, I'll mop the floor.

좋아, 내가 바닥을 대걸레로 닦을게.

DAY 25

이방카 트럼프처럼
말해보기

TO
CONVINCE
YOU

Ivanka Trump
출생: 1981.10.30
직업: 사업가
특이사항: 도널드 트럼프
　　　　 전 미국 대통령의 장녀

이방카 트럼프(Ivanka Trump)는 도널드 트럼프 전 미국 대통령의 장녀이자 트럼프 정부의 백악관 선임 고문이었습니다. 그녀는 열네 살 때 모델로 데뷔하였고, 이를 계기로 자신의 이름을 건 패션 브랜드를 론칭하여 벤처 사업가로 활동하기도 했습니다. 세 자녀의 어머니이기도 한 그녀는 자녀들과 K-POP에 맞춰 신나게 춤을 추는 영상을 공유하는 등 친근한 모습도 보여주고 있습니다.

그녀는 세계의 벤처 사업가들이 모인 행사의 연설에서 사업이라는 길을 개척하기로 결심한 사람들에게 용기를 가지라고 이야기합니다. **이 연설에서 그녀는 실패를 감수하고 사업에 뛰어든 사람들에게 응원과 축하의 메시지를 전합니다.** 편안한 목소리와 차분한 어조가 돋보이는 그녀의 이야기를 들어보세요.

먼저 이방카의 연설 영상을 보세요. 아래 어휘·표현 미리 보기를 참고하되, 내용을 완벽하게 이해하지 못해도 좋습니다.

◀ 영상 보기

🔍 어휘·표현 미리 보기

risk[risk] 위험
already[ɔːlrédi] 이미
try to convince ~ ~을 설득하려고 시도하다
congratulate ⋯ on ~ ~에 대해 ⋯을 축하하다

reward[riwɔ́ːrd] 보상
accomplish[əkámpliʃ] 성취하다

STEP 1

이방카의 말
한 문장씩
짚어가며 들어보기

STEP 2

한 문장씩
음성을 따라
말하기

STEP 3

우리말만 보고
이방카처럼
말해보기

 ◀ 음성과 함께 STEP별로 따라 하기

주목할만한
표현 1

¹ Some may have **tried to convince you**

² that the risks are too great, the rewards too small.

³ But you're here today

⁴ because you're not afraid to fail.

⁵ You want to own your future.

주목할만한
표현 2

⁶ So I want to **congratulate you**

⁷ **on** all that you have already accomplished.

risk[risk] 위험 reward[riwɔ́ːrd] 보상 already[ɔːlrédi] 이미 accomplish[əkámpliʃ] 성취하다

¹ 몇몇 사람들이 여러분을 설득하려고 시도했을지도 모릅니다

² 위험은 너무 크고, 보상은 너무 작다고요.

이방카는 'the rewards' 뒤에 'are'를 생략해서 간단하게 말했습니다.

³ 하지만 여러분은 오늘 이곳에 있습니다

⁴ 여러분은 실패하는 것을 두려워하지 않았기 때문에요.

⁵ 여러분은 여러분의 미래를 소유하기를 원합니다.

⁶ 그래서 저는 여러분을 축하하고 싶습니다

⁷ 여러분이 이미 성취한 모든 것에 대해 말입니다.

이방카가 사용한 표현을
생활 속 대화에서 그대로 써봅시다.

◀ 음성과 함께 표현 연습하기

주목할만한
표현 1

Some may have **tried to convince** you that the risks are too great, the rewards too small.

몇몇 사람들이 위험은 너무 크고, 보상은 너무 작다고 여러분<u>을 설득하려고 시도했</u>을지도 모릅니다.

누군가를 설득하려고 시도한다고 말하고 싶을 때, **try to convince ~**라는 표현을 사용해서 말할 수 있습니다. 이때, convince 뒤에는 me, you 등 여러 다른 대상을 넣어서 말할 수 있습니다. 아래 대화처럼 **try to convince ~**을 생활 속에서 그대로 써봅시다.

Sally **tried to convince** me to buy a new car.
Sally가 새로운 차를 사도록 나**를 설득하려고 시도**했어.

Maybe you should. Your car is pretty old.
아마 너는 그래야 할 거야. 네 차는 꽤 낡았잖아.

DAY 25

이방카
트럼프

TO
CONVINCE
YOU

해커스톡 영어회화 10분의 기적 유명인처럼 말하기

주목할만한
표현 2

So I want to **congratulate** you **on** all that you have already accomplished.
그래서 저는 여러분이 이미 성취한 모든 것<u>에 대해</u> 여러분<u>을 축하하</u>고 싶습니다.

어떤 일에 대해 누군가를 축하하고 싶을 때, **congratulate ⋯ on ~**이라는 표현을 사용해서 말할 수 있습니다. 이때, congratulate와 on 사이에는 Mary, him 등 다른 축하할 대상을, on 뒤에는 her pregnancy, his birthday 등 여러 다른 축하할 일을 넣어서 말할 수 있습니다. 아래 대화처럼 **congratulate ⋯ on ~**을 생활 속에서 그대로 써봅시다.

Did you **congratulate** Mary **on** her pregnancy?
그녀의 임신에 대해 Mary를 축하해줬니?

* **pregnancy** 임신

No. I didn't know she was pregnant.
아니. 나는 그녀가 임신한지 몰랐어.

DAY 26

콘돌리자 라이스처럼
말해보기

AS
A
MATTER
OF FACT

Condoleezza Rice

출생: 1954.11.14
직업: 제66대 미국 국무장관
특이사항: 2005 포브스지 선정
　　　　　가장 파워풀한 여성 1위

콘돌리자 라이스(Condoleezza Rice)는 미국의 제66대 국무장관입니다. 그녀는 흑인으로서, 또 여성으로서 미국의 외교 업무를 총괄하는 국무장관에 취임한 두 번째 인물입니다. 인종 차별이 극심했던 미국 남부에서 유년기를 보낸 그녀는 대학 시절, 백인이 흑인보다 우수하다며 열변을 토하던 교수에게 흑인인 자신이 베토벤의 음악을 백인보다 더 잘 연주한다고 말하며 중요한 것은 인종이 아니라고 소리쳤습니다. 인종 차별을 참지 않았던 그녀는 '백인보다 두 배 더 열심히'를 신조로 삼았고, 결국 세계 외교를 좌지우지하는 미국 국무장관의 자리에 올랐습니다.

그녀는 한 좌담회에서 인종 차별이 만연한 지역에서 자라면서도 굳센 마음을 가질 수 있었던 것은 특별한 부모님의 교육 철학 덕분이었다고 말합니다. **이 좌담회에서 그녀는 어린 시절 부모님이 스스로를 피해자라고 여기지 말라고 가르쳤다고 이야기합니다.** 명료한 어조와 똑 부러지는 말투가 돋보이는 그녀의 이야기를 들어보세요.

 먼저 콘돌리자의 좌담회 영상을 보세요. 아래 어휘·표현 미리 보기를 참고하되, 내용을 완벽하게 이해하지 못해도 좋습니다.

◀ 영상 보기

Q 어휘·표현 미리 보기

victim [víktim] 피해자
lose control 통제력을 잃다
in any way 어떤 식으로든
as a matter of fact 사실은, 사실상

consider [kənsídər] 여기다

STEP 1

콘돌리자의 말
한 문장씩
짚어가며 들어보기

STEP 2

한 문장씩
음성을 따라
말하기

STEP 3

우리말만 보고
콘돌리자처럼
말해보기

◀ 음성과 함께 STEP별로 따라 하기

주목할만한
표현 1

¹ They never let us feel **in any way**

² that we were victims.

주목할만한
표현 2

³ **As a matter of fact**,

⁴ they always said,

⁵ "when you consider yourself a victim,

⁶ you've lost control.

⁷ So, don't ever consider yourself a victim."

victim[víktim] 피해자   consider[kənsídər] 여기다   lose control 통제력을 잃다

DAY 26

콘돌리자
라이스

AS
A
MATTER
OF FACT

해커스톡 영어회화 10분의 기적 유명인처럼 말하기

¹ 그들은 어떤 식으로든 우리가 느끼게 두지 않았어요

> 여기서 '그들(they)'은 '콘돌리자의 부모님'을 가리킵니다.

² 우리가 피해자였다고요.

³ 사실은,

⁴ 그들은 늘 말했습니다,

⁵ "너 자신을 피해자라고 여길 때,

⁶ 너는 통제력을 잃고 만 거야.

⁷ 그러니, 결코 너 자신을 피해자라고 여기지 말렴."

콘돌리자가 사용한 표현을
생활 속 대화에서 그대로 써봅시다.

◀ 음성과 함께 표현 연습하기

They never let us feel **in any way** that we were victims.

그들은 <u>**어떤 식으로든**</u> 우리가 피해자였다고 느끼게 두지 않았어요

"어떤 식으로든"라고 말하고 싶을 때, **in any way**라고 말할 수 있습니다. 이때, **way**는 '방식, 방법'이라는 의미입니다. 아래 대화처럼 **in any way**를 생활 속에서 그대로 써봅시다.

Can you help me cook this weekend?

너 이번 주말에 내가 요리하는 것 도와줄 수 있어?

Sure. I'm happy to help **in any way**.

물론이야. **어떤 식으로든** 돕는다면 기뻐.

DAY 26

콘돌리자
라이스

AS
A
MATTER
OF FACT

해커스톡 영어회화 10분의 기적 귀에인처럼 말하기

As a matter of fact, they always said, "when you consider yourself a victim, you've lost control."

사실은, 그들은 늘 말했습니다, "너 자신을 피해자라고 여길 때, 너는 통제력을 잃고 만 거야. 그러니, 결코 너 자신을 피해자라고 여기지 말렴."

"사실은, 사실상"이라고 말하고 싶을 때, **as a matter of fact**라고 말할 수 있습니다. as a matter of fact는 앞서 한 말과 관련된 흥미로운 이야기를 덧붙여서 말할 때 사용합니다. 아래 대화처럼 **as a matter of fact** 를 생활 속에서 그대로 써봅시다.

Did you finish your homework?

너 숙제 끝냈어?

As a matter of fact, I don't have any homework.

사실은, 나 어떤 숙제도 없어.

DAY 27

셰릴 샌드버그처럼
말해보기

WHY DO YOU CARE?

Sheryl Sandberg
출생: 1969.08.28
직업: 전 페이스북 최고 운영 책임자
특이사항: 2017년 포브스지 선정
가장 파워풀한 여성 4위

셰릴 샌드버그(Sheryl Sandberg)는 페이스북의 최고 운영 책임자이며, 실리콘밸리에서 보기 드문 여성 경영자입니다. 그녀는 '좋아요' 버튼도 없었던 초창기에 페이스북 경영진에 합류했습니다. 미국 재무부에서 비서실장으로 근무하며 엘리트 코스를 밟고 있었던 그녀에게 스타트업 기업이었던 페이스북은 도전이었습니다. 직급도, 연봉도 전 직장보다 만족스럽지 않았지만, 그녀는 페이스북의 비전을 믿고 현재보다 미래를 위한 기회를 선택했습니다. 그리고 그녀는 마침내 페이스북을 시대를 대표하는 기업으로 만들었습니다.

그녀는 대학생과 함께하는 좌담회에서 사람들이 분야를 바꿔 이직할 때 낮아지는 연봉과 직위 때문에 눈앞의 기회를 놓쳐버린다고 말합니다. **이 좌담회에서 그녀는 현재의 직위와 연봉에 연연하지 말라고 이야기합니다.** 강단 있는 말투와 똑부러지는 어조가 돋보이는 그녀의 이야기를 들어보세요.

 먼저 샌드버그의 좌담회 영상을 보세요. 아래 어휘·표현 미리 보기를 참고하되, 내용을 완벽하게 이해하지 못해도 좋습니다.
◀ 영상 보기

🔍 어휘·표현 미리 보기

job [dʒɑb] 일
job offer 일자리 제안
Why do you care? 뭘 걱정하는가?
turn out to be ~ ~인 것으로 밝혀지다

junior [dʒúːnjer] 직급이 낮은

STEP 1

샌드버그의 말
한 문장씩
짚어가며 들어보기

STEP 2

한 문장씩
음성을 따라
말하기

STEP 3

우리말만 보고
샌드버그처럼
말해보기

 ◀ 음성과 함께 STEP별로 따라 하기

1 You're gonna work for the next 40 years.

주목할만한
표현 1

2 **Why do you care?** Get yourself ...

3 And the job I took at *Google*

4 and the job I took at *Facebook* were more junior

5 than every other job offer I had.

주목할만한
표현 2

6 But they **turned out to be**

7 **much bigger opportunities.**

job[dʒɑb] 일 junior[dʒúːnjer] 직급이 낮은 job offer 일자리 제안 turn out to be ~ ~인 것으로 밝혀지다

DAY 27

셰릴
샌드버그

WHY
DO
YOU
CARE?

해커스톡 영어회화 10분의 기적 유명인처럼 말하기

¹ 여러분은 앞으로 40년 동안 일할 거예요.

² 뭘 걱정하세요? 잘 생각해보세요…

³ 그리고 제가 구글에서 맡았던 일과

⁴ 페이스북에서 맡았던 일은 더 직급이 낮았어요

⁵ 제가 받았었던 모든 다른 일자리 제안보다 말이에요.

⁶ 하지만 그것들은 밝혀졌어요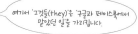
여기서 '그것들(they)'은 '구글과 페이스북에서
맡았던 일'을 가리킵니다.

⁷ 훨씬 더 큰 기회들인 것으로요.

샌드버그가 사용한 표현을
생활 속 대화에서 그대로 써봅시다.

◀ 음성과 함께 표현 연습하기

주목할만한
표현 1

You're gonna work for the next 40 years. **Why do you care?**
여러분은 앞으로 40년 동안 일할 거예요. **뭘 걱정하세요?**

쓸데없는 걱정을 하는 친구에게 "뭘 그런 걸 걱정해?"라고 말하고 싶을 때, **Why do you care?**라고 말할 수 있습니다. 이때, care는 '~을 걱정하다, 염려하다'라는 의미입니다. 아래 대화처럼 **Why do you care?**를 생활 속에서 그대로 써봅시다.

Sometimes I wonder what people think of me.
나는 가끔 사람들이 나를 어떻게 생각할지 궁금해.

* think of ~ ~를 생각하다

Why do you care? It doesn't matter.
뭘 걱정해? 그런 건 중요하지 않아.

DAY 27

세릴
샌드버그

WHY
DO
YOU
CARE?

주목할만한
표현 2

But they **turned out to be** much bigger opportunities.

하지만 그것들은 훨씬 더 큰 기회들<u>인 것으로 밝혀졌어요</u>.

"(알고 보니) ~인 것으로 밝혀졌다"라고 말하고 싶을 때, **turn out to be ~**라는 표현을 사용해서 말할 수 있습니다. 이때, turn out은 '~으로 밝혀지다, 드러나다'라는 의미입니다. 아래 대화처럼 **turn out to be ~**을 생활 속에서 그대로 써봅시다.

Who was making that noise last night?
어젯밤에 누가 그 소음을 냈어?

Oh, it **turned out to be** my dog.
오, 그건 우리 개인 것으로 밝혀졌어.

DAY 28

김용처럼
말해보기

GOOD
MORNING
HANDSOME

Jim Yong Kim

출생: 1959.12.08
직업: 제12대 세계은행 총재
특이사항: 최초의 아시아인
　　　　　 아이비리그 총장

김용(Jim Yong Kim)은 제12대 세계은행 총재입니다. 다섯 살 때 미국에 이민을 간 한국계 미국인으로서, 젊은 시절 그는 대학에서 철학이나 정치학을 공부해 세계의 불평등을 해소하겠다는 꿈을 가졌었습니다. 그러나 한국계로 미국에서 살기 위해서는 기술이 필요하다는 아버지의 조언에 따라 의사가 된 그는 자신의 의학 지식을 이용해 개발도상국의 의료 행정가로 활약했습니다. 이러한 경험을 토대로 국제기구인 세계은행의 수장으로서 세상을 바꾸는 데 앞장서고 있습니다.

그는 다트머스 대학교 졸업식 총장 연설에 나서 리더가 되었을 때 좌절을 이겨내는 법에 대해 조언합니다. **이 연설에서 그는 아침에 눈을 뜨고 싶지 않을 만큼 힘이 들 때에는 즉시 일어나 거울 속 자신에게 힘차게 인사하라고 말합니다.** 진심 어린 어조와 따뜻한 말투가 돋보이는 그의 이야기를 들어보세요.

 먼저 김용의 연설 영상을 보세요. 아래 어휘·표현 미리 보기를 참고하되, 내용을 완벽하게 이해하지 못해도 좋습니다.

◀ 영상 보기

🔍 어휘·표현 미리 보기

set out 시도하다
awful[ɔ́ːfəl] 끔찍한
get out of bed 침대에서 일어나다
have your own ~ 당신만의 ~을 가지다

extraordinary[ikstrɔ́ːrdənèri] 특별한
get on with ~ ~을 계속하다

◀ 음성과 함께 STEP별로 따라 하기

STEP 1

김용의 말
한 문장씩
짚어가며 들어보기

STEP 2

한 문장씩
음성을 따라
말하기

STEP 3

우리말만 보고
김용처럼
말해보기

¹ When you set out to accomplish extraordinary things,

² you will have awful days

³ when you don't even want to wake up in the morning.

⁴ I'm telling you now, **get out of bed**,

⁵ look in the mirror,

⁶ **have your own "good morning handsome" moment**,

⁷ and get on with the business of changing the world.

set out 시도하다 extraordinary[ikstrɔ́:rdənèri] 특별한 awful[ɔ́:fəl] 끔찍한 get on with ~ ~을 계속하다

¹당신이 특별한 일들을 성취하기 위해 시도할 때,

²당신은 끔찍한 날들을 보내게 될 것입니다

³아침에 일어나는 것조차 원하지 않는 날 말입니다.

⁴지금 당신에게 말합니다, 침대에서 일어나세요,

⁵거울을 보세요,

⁶당신만의 "좋은 아침이야, 멋쟁이"라고 말하는 순간을 가지세요,

⁷그리고 세상을 바꾸는 일들을 계속하세요.

김용이 사용한 표현을
생활 속 대화에서 그대로 써봅시다.

◀ 음성과 함께 표현 연습하기

I'm telling you now, **get out of bed**.
지금 당신에게 말합니다, **침대에서 일어나세요**.

잠에서 깨서 침대에서 일어난다고 말하고 싶을 때, **get out of bed**라는 표현을 사용해서 말할 수 있습니다. 이때, get out of는 '(어떤 장소)에서 나오다, 떠나다'라는 의미입니다. 아래 대화처럼 **get out of bed**를 생활 속에서 그대로 써봅시다.

> Why were you so late this morning?
> 너 오늘 아침에 왜 이렇게 늦은 거야?

> I couldn't **get out of bed**. It's so hard to wake up on Saturdays.
> 나는 **침대에서 일어날** 수 없었어. 토요일마다 잠에서 깨는 것은 정말 어려워.

Have your own "good morning handsome" moment.

당신만의 "좋은 아침이야, 멋쟁이"라고 말하는 순간**을 가지세요.**

당신만의 특별한 어떤 것을 가지라고 말하고 싶을 때, **have your own ~**이라는 표현을 사용해서 말할 수 있습니다. 이때, **your own**은 '당신만의, 당신 스스로 하는'이라는 의미입니다. 또한, own 뒤에는 business, opinion 등 여러 다른 단어를 넣어서 말할 수 있습니다. 아래 대화처럼 **have your own ~**을 생활 속에서 그대로 써봅시다.

I'm thinking of opening a café in the park.

나는 그 공원에 카페를 여는 것을 생각 중이야.

Wow! So you want to **have your own** business. That's brave!

우와! 그럼 너는 **너만의** 사업을 **가지**길 원하는구나. 용감하다!

엘론 머스크처럼
말해보기

Elon Musk
출생: 1971.06.28
직업: 테슬라모터스, 스페이스엑스 CEO
특이사항: 2022년 포브스지 선정
억만장자 1위

엘론 머스크(Elon Musk)는 영화 「아이언맨」의 실제 모델로 알려진 전기 자동차 회사 테슬라의 CEO입니다. 그는 화성 이주에 대한 꿈을 가지고 우주 개발기업인 스페이스엑스에 열정을 쏟고 있습니다. 수익이 나지 않는 우주 산업에 막대한 재산을 투자하는 행보는 무모해 보이기도 하지만, 그는 개척자 정신으로 도전했습니다. 그 결과, 스페이스엑스는 한 번 쓰고 버려지던 우주선 추진 로켓을 재활용할 수 있도록 지구에 송환시키는 데 성공해 세계 우주 산업에 의미 있는 한 발을 내디뎠습니다.

그는 한 인터뷰에서 신사업에 대담하게 도전하는 자신도 항상 실패가 두렵다고 말합니다. **이 인터뷰에서 그는 성공할 확률이 아주 낮다는 사실을 받아들였다고 이야기합니다.** 차분한 말투와 신중한 어조가 돋보이는 그의 이야기를 들어보세요.

 먼저 머스크의 인터뷰 영상을 보세요. 아래 어휘·표현 미리 보기를 참고하되, 내용을 완벽하게 이해하지 못해도 좋습니다.

◀ 영상 보기

Q 어휘·표현 미리 보기

odds[ɑːdz] 확률
lose[luːz] 잃다
less than ~ ~ 미만인, ~보다 적은
make progress 발전하다

accept[əksépt] 받아들이다, 인정하다

STEP 1

머스크의 말
한 문장씩
짚어가며 들어보기

STEP 2

한 문장씩
음성을 따라
말하기

STEP 3

우리말만 보고
머스크처럼
말해보기

◀ 음성과 함께 STEP별로 따라 하기

¹ When starting SpaceX,

² I thought

주목할만한
표현 1

³ the odds of success were **less than 10%.**

⁴ And I just accepted that actually,

⁵ probably, I would just lose everything.

주목할만한
표현 2

⁶ But that maybe would **make some progress.**

odds[ɑːdz] 확률 accept[əksépt] 받아들이다, 인정하다 lose[luːz] 잃다 progress[prɑ́gres] 발전

¹ 스페이스엑스를 시작할 때,

² 저는 생각했어요

³ 성공할 확률이 10퍼센트 미만이었다고요.

⁴ 그리고 저는 정말 받아들였어요 사실,

⁵ 아마도, 제가 정말 모든 것을 잃을 수도 있다고요.

⁶ 하지만 어쩌면 그렇게 어느 정도 발전했던 것 같아요.

머스크가 사용한 표현을
생활 속 대화에서 그대로 써봅시다.

◀ 음성과 함께 표현 연습하기

When starting spaceX, I thought the odds of success were **less than** 10%.

스페이스엑스를 시작할 때, 저는 성공할 확률이 10퍼센트 <u>미만이었다</u>고 생각했어요.

"(어떤 수나 양이) ~ 미만이다"라고 말하고 싶을 때, **less than ~**이라는 표현을 사용해서 말할 수 있습니다. 이 때, than 뒤에는 10 dollars, 30 minutes 등 여러 다른 수량을 나타내는 말을 넣어서 말할 수 있습니다. **아래 대화처럼 less than ~을 생활 속에서 그대로 써봅시다.**

It's freezing these days.
요즘 몹시 춥네.
+ freezing 몹시 추운

Yeah. The temperature will be **less than** 2 degrees all week.
맞아. 온도가 일주일 내내 2도 **미만이** 될 거야.

DAY 29

엘론
머스크

THE
ODDS
OF
SUCCESS

해커스톡 영어회화 10분의 기적 유명인처럼 말하기

주목할만한
표현 2

But that maybe would **make** some **progress**.

하지만 어쩌면 그렇게 어느 정도 <u>발전했던</u> 것 같아요.

현재 상태에서 더 발전한다고 말하고 싶을 때, **make progress**라는 표현을 사용해서 말할 수 있습니다. 이때, progress는 '발전, 진보'라는 의미로, make와 함께 쓰면 '발전하다, 진보하다'라는 의미를 나타냅니다. 아래 대화처럼 **make progress**를 생활 속에서 그대로 써봅시다.

Are we going to study the next chapter in this book?

우리 이 책에서 그 다음 챕터를 공부할 거니?

Yes. We can **make progress** on it today.

응. 우리는 오늘 그것으로 **발전할** 수 있어.

DAY 30

힐러리 클린턴처럼
말해보기

LET'S
DO
ALL
WE CAN

Hillary Clinton
출생: 1947.10.26
직업: 정치인
특이사항: 2016년 포브스지 선정
가장 파워풀한 여성 2위

힐러리 클린턴(Hillary Clinton)은 미국의 영부인, 국무장관, 그리고 대선 후보까지 오른 괴물급 커리어의 정치인입니다. 대학 시절에 학생회 회장으로 활동하며 정치에 관심을 가지게 된 그녀는 빌 클린턴 대통령의 영부인 시절을 거쳐 본격적으로 정계에 진출했고, 전 세계에 영향력을 미치는 인물이 되었습니다. 마침내 그녀는 2016년에 여성 최초로 미국 대선 후보가 되어 트럼프 대통령과 치열한 승부를 펼쳤습니다. 이 대선에서 패배하긴 했지만 그녀는 강력한 카리스마와 패배를 깨끗이 인정하는 모습을 보여주며 멋진 마무리를 장식했습니다.

그녀는 대선 패배 후 승복 연설에서 유권자들에게 정치에 계속해서 참여할 것을 당부합니다. **이 연설에서 그녀는 사회를 발전시키기 위해 할 수 있는 모든 것을 하자고 말합니다.** 담담하고 차분한 어조와 노련한 말투가 돋보이는 그녀의 이야기를 들어보세요.

 먼저 힐러리의 연설 영상을 보세요. 아래 어휘·표현 미리 보기를 참고 하되, 내용을 완벽하게 이해하지 못해도 좋습니다.
◀ 영상 보기

Q 어휘·표현 미리 보기

constitutional[kànstətjúːʃənl] 입헌의
demand[diménd] 필요로 하다
cause[kɔːs] 대의
hold dear 소중히 여기다
Let me add. 덧붙이겠다.
Let's do all we can. 우리가 할 수 있는 모든 것을 하자.

democracy[dimάkrəsi] 민주주의
advance[ædvǽns] 발전시키다

STEP 1

힐러리의 말
한 문장씩
짚어가며 들어보기

STEP 2

한 문장씩
음성을 따라
말하기

STEP 3

우리말만 보고
힐러리처럼
말해보기

 ◀ 음성과 함께 STEP별로 따라 하기

^{주목할만한}
^{표현 1}

¹ And **let me add.**

² Our constitutional democracy

³ demands our participation.

⁴ Not just every four years, but all the time.

주목할만한
표현 2

⁵ So **let's do all we can**

⁶ to keep advancing

⁷ the causes and values we all hold dear.

constitutional[kὰnstətjúːʃənl] 입헌의 democracy[dimάkrəsi] 민주주의 demand[dimǽnd] 필요로 하다
advance[ædvǽns] 발전시키다 cause[kɔːs] 대의 hold dear 소중히 여기다

DAY 30

힐러리
클린턴

LET'S
DO
ALL
WE CAN

해커스톡 영어회화 10분의 기적 유명인처럼 말하기

¹그리고 덧붙이겠습니다.

²우리의 입헌 민주주의는

³우리의 참여를 필요로 합니다.

⁴단지 4년마다가 아니라, 항상이요.

⁵그러니 우리가 할 수 있는 모든 것을 합시다

⁶계속 발전시키기 위해서 말입니다.

⁷우리 모두가 소중히 여기는 대의와 가치를요.

힐러리가 사용한 표현을
생활 속 대화에서 그대로 써봅시다.

◀ 음성과 함께 표현 연습하기

주목할만한
표현 1

And **let me add.**
그리고 **덧붙이겠습니다.**

상대방과 대화 중에 "덧붙여 말할게."라고 말하고 싶을 때, **Let me add**라고 말할 수 있습니다. 이때, let me는 '내가 ~하겠다, ~하게 해달라'라는 의미를 나타냅니다. 아래 대화처럼 **Let me add**를 생활 속에서 그대로 써봅시다.

I'm glad to work with you.
나는 너와 함께 일하게 돼서 기뻐.

Me too. And **let me add.** This is a great chance for us.
나도. 그리고 **덧붙일게.** 이것은 우리에게 훌륭한 기회야.

DAY 30

힐러리
클린턴

LET'S
DO
ALL
WE CAN

주목할만한
표현 2

So **let's do all we can** to keep advancing the causes and values we all hold dear.

그러니 우리 모두가 소중히 여기는 대의와 가치를 계속 발전시키기 위해서 **우리가 할 수 있는 모든 것을 합시다.**

어떤 목표를 이루기 위해 우리가 할 수 있는 모든 것을 해보자고 말하고 싶을 때, **Let's do all we can**이라고 말할 수 있습니다. 이때, **all**은 '모든 것'이라는 의미이고, **all** 뒤에 we can을 붙이면 '우리가 할 수 있는 모든 것'이라는 의미가 됩니다. 아래 대화처럼 **Let's do all we can**을 생활 속에서 그대로 써봅시다.

I heard Alex is really sick.
나는 Alex가 엄청 아프다고 들었어.

Let's do all we can to help him.
그를 돕기 위해 우리가 할 수 있는 모든 것을 하자.

핫한 유명인이 쓰는 진짜 실생활 표현으로 말하기

초판 11쇄 발행　2023년 6월 19일

초판 1쇄 발행　2018년 8월 30일

지은이	해커스 어학연구소
펴낸곳	(주)해커스 어학연구소
펴낸이	해커스 어학연구소 출판팀

주소	서울특별시 서초구 강남대로61길 23 (주)해커스 어학연구소
고객센터	02-537-5000
교재 관련 문의	publishing@hackers.com
	해커스톡 사이트(HackersTalk.co.kr) 교재 Q&A 게시판
동영상강의	HackersTalk.co.kr

ISBN	978-89-6542-267-9 (13740)
Serial Number	01-11-01

왕초보영어 탈출
해커스톡

영어회화인강 1위, 해커스톡(HackersTalk.co.kr)
· 하루 10분씩 따라 하면 영어회화가 되는 제니 리 선생님의 교재 동영상강의
· 전문가의 1:1 스피킹 케어, 매일 영어회화 표현, 오늘의 영어 10문장 등 무료 학습 콘텐츠
· 유명인이 쓴 진짜 실생활 표현을 듣고 따라 말하는 교재 본문 & 대화문 MP3 무료 다운로드

[영어회화인강 1위] 2018 헤럴드미디어 선정 대학생이 선정한 영어회화인강 1위 해커스톡

보기만 해도 외워지는 영단어 암기 어플
해커스톡 그림보카

- 단어를 쉽고 오래 기억하는 이미지 연상 학습법
- 기초영어, 초등영어, 영어회화, 토익까지
  레벨별/영역별 필수 단어 수록
- 예문을 통해 단어부터 영어회화까지
  한 번에 학습

* 구글플레이 스토어, 앱스토어에서 다운로드 가능

▲
해커스톡 그림보카
무료로 받기

20년 어학 노하우가 담긴 정밀 진단 시스템
해커스톡 무료 레벨테스트

- 왕초보 영어 탈출을 위한 회화 실력 진단 및
  맞춤 학습솔루션 제공
- 해커스톡 Best 패키지 할인쿠폰 제공

▲
무료 레벨테스트
하러 가기

영어회화 인강 **1위**
말문이 트이는
해커스톡 학습 시스템

헤럴드 신정 2018 대학생 선호 브랜드 대상 '대학생이 선정한 영어회화 인강' 부문 1위

하루 10분 강의
언제 어디서나
부담없이 짧고 쉽게!

유명인이 실제 사용한
문장/표현 학습
유명인이 실생활에서 쓴
문장과 표현으로 말하기

반복·응용 학습
20회 이상 반복으로 입이
저절로 기억하는 말하기

실생활 중심의
쉬운 영어
실생활에서 200%
활용 가능한
쉬운 생활영어회화